EL LADO OSCURO DE LA CRUZ

"El Cristo Oculto dentro del Jesús limitado..."

William Torres

El Lado Oscuro de la Cruz 1ra Ed.
"El Cristo oculto dentro del Jesús limitado"

Copyrigth © 2019 por William Torres,
San Juan, Puerto Rico
ISBN: 9781692255329
Impreso en los Estados Unidos de América
Printed in United Estate of America
Primera edición: Noviembre 2019
Gobierno y formación

Editora: Jesenia Albaladejo Ortiz
jeseniaalbaladejo@yahoo.com

Diseño & Diagramación:
Luis John Aponte Ortiz
aponte.design@gmail.com

Fotografía:
David Aguilar
eaglephotographypr@gmail.com

DEDICATORIA

Dedico este libro a las millones de personas alrededor del mundo que enfrentan y vencen cada obstáculo que la vida les presenta.

A mi amada esposa, Jesenia. Tu amor, cuidado y comprensión todo este tiempo han sido clave para nunca darme por vencido. Aún recuerdo esas palabras; **"Voy a ti porque tú eres de los que nunca se rinden"**. Me marcaron para siempre.

AGRADECIMIENTO

Escribir un libro es como ir juntando piezas e ir poniéndolas en el lugar exacto. Agradezco profundamente a los verdaderos actores de este gran viaje. Todos ellos disfrazados de palabras, enseñanzas y ejemplo en el transcurrir de todo este libro, pero de seguro tengo bien en claro quiénes son.

A Dios, el autor de toda sabiduría e inspiración.

A mis hijas, Taimarys, Tamarys Lee y Lorraine Marie y nietas, Darialys y Thaliarys quienes aun viviendo en lugares distantes son parte del motor que me impulsa cada día a ser un mejor padre y persona.

A mis padres, William Torres y Delia Díaz quienes he admirado siempre, en especial al héroe de mi vida, "pai" aunque ya no estás físicamente con nosotros en este mundo, este libro lo escribo con mucho amor y cariño en tu honor y a tu memoria, que mucho te amo y te extraño.

A mis hermanos, Alberto, Glenda, Idalis y Bryan los cuales crecimos juntos, amándonos y respetándonos y aún siendo adultos, eso no ha cambiado.

A mis Pastores Ángel e Ivelisse Molina y todo el equipo de líderes del Centro Cristiano Bet-el, Dorado, P.R. (CCB) por creer en mí y brindarme toda su confianza, amor y apoyo todo este tiempo que hemos caminado juntos.

A todo el equipo de CCB Worship, ustedes son los mejores.

A cada una de las personas, que de alguna u otra forma, han hecho posible esta elaboración; desde cada familiar, hasta los que han participado en los detalles más pequeños.

ÍNDICE

PRÓLOGO

El Reino de Dios debe ser nuestra mayor prioridad como creyentes. El Reino de Dios es el centro de todo, es el mensaje que debemos vivir y predicar.

A través de los años nos hemos enfocado en predicar a un Jesús histórico, a un Jesús limitado por un cuerpo en tiempo y espacio, pero no hemos podido comprender o no se nos ha revelado la grandeza que estaba oculta dentro de Jesús. Esa grandeza es el Cristo, el Reino.

Es para mí una gran satisfacción presentarles la primera obra literaria de un hijo espiritual del Centro Cristiano Bet-el en Dorado, PR, a quién tengo el honor de conocer y pastorear por más de 12 años.

Con esta obra de arte, William Torres te llevará a conocer y profundizar más en los asuntos relacionados al Reino y gobierno de Dios. A través de las páginas de este libro, el lector hallará un sinnúmero de códigos y principios que le ayudarán a entender la vida que se nos fue impartida a través de Cristo.

Lo invito a sumergirse en este amplio mar de conocimiento que cambiarán la perspectiva de lo que es el Reino y el propósito eterno de Dios.

Es mi oración que el Espíritu Santo sea quién le guíe en este recorrido y le revele *"El Lado Oscuro de la Cruz"*.

Apóstol Ángel Molina
Pastor y fundador
del Centro Cristiano Bet-el
(CCB), P.R. y Global.
Ministro del Evangelio
Empresario y conferencista Internacional

INTRODUCCIÓN

Nuestra percepción y nuestra perspectiva determinan nuestra proyección en la vida. Eso significa que nuestra manera de ver lo que nos rodea y cómo lo entendemos será clave en todo nuestro caminar y desarrollo a lo largo de nuestro paso por la Tierra.

Dios le ha conferido al hombre portar Su imagen para ser administrador de la creación y realizar un trabajo que no termina con la salvación del alma humana, ni menos con el cumplimiento de un ministerio espiritual, sino que este propósito eterno de Dios, excede todo pensamiento y límites más extensos de nuestra imaginación humana, con el fin de reestablecer la influencia de Dios en el universo.

Muchos de los temas e ideas escritas en esta obra tendrán un aspecto de alta confrontación, complejidad, reflexión, profundidad y estudio de la Palabra, y de hecho que está pensado que así lo sea.

Sistemáticamente hablando este libro fue pensado y estructurado de principio a fin para poder llevar un orden de capítulo a capítulo como nuestro hilo conductor para lograr tener una mejor comprensión de los temas aquí compartidos.

La idea principal de este escrito no es de ninguna manera establecer ideas y conceptos doctrinales aislados que produzcan algún tipo de confusión a sus creencias y fe cristiana sino por la Palabra misma exponerles frente a verdades y realidades que siempre estuvieron allí, pero hasta el día de hoy tal vez nunca las vimos o no fueron reveladas.

Todos seremos de alguna manera confrontados y retados a un mayor grado de entendimiento y revelación de la Palabra, en los asuntos relacionados al Reino de Dios, incluyendo primeramente a su escritor.

En este viaje que apenas comienza no pretendo dar por terminados todos los temas e ideas aquí compartidas, creo que hay mucho más que ver y dilucidar. Debemos como generación recobrar la idea y punto principal de Dios para el hombre para que ni las tinieblas, el espíritu del siglo y los sistemas del mundo nos roben aquello que nos ha sido concedido en Él.

De la misma manera que tan solo una pincelada del pintor no será suficiente para mostrar toda su obra terminada, es necesario que primeramente establezcamos algunas de las bases que nos servirán como ejes para luego ir arribando a la idea principal de este libro.

Oremos junto al Señor Jesucristo para que cada día nos guíe con su luz y podamos tener un mayor grado de exactitud y entendimiento en todo lo relacionado al propósito eterno de Dios.

"Para que el Dios de nuestro Señor Jesucristo, el Padre de gloria, os dé espíritu de sabiduría y de revelación en el conocimiento de él, alumbrando los ojos de vuestro entendimiento, para que sepáis cuál es la esperanza a que él os ha llamado, y cuáles las riquezas de la gloria de su herencia en los santos, y cuál la supereminente grandeza de su poder para con nosotros los que creemos, según la operación del poder de su fuerza."

—Ef 1:17-19

UN BUEN COMIENZO

Hay una frase conocida que dice, *"enseñamos lo que sabemos, pero impartimos lo que somos".* Desde que tengo uso de razón y desde muy pequeño, siempre he asistido a lo que muchos llaman centros de reuniones, asambleas locales o "iglesias", músico al fin y líder del ministerio de música de la "iglesia" a la que asisto, siempre he estado expuesto a predicadores, maestros de la Palabra, conferencistas y a lo que llamamos "salmistas", etc., etc. Lamentablemente, siempre viendo entre todos ellos, el mismo patrón repitiéndose una y otra vez. Él mismo denominador común que los une a todos, mucha pasión, pero en muchos casos, poca o ninguna revelación de Cristo.

Con mucho dolor y pensando en todo esto y siendo testigo de ver pasar a toda una generación, que al igual que otras, han sido devorada y comida por algo llamado, "el tiempo", entonces, no podía solo quedarme de brazos cruzados y mirando, como se comerá a la mía también, inerte, y sin hacer nada.

Aunque solo sea una gota dentro de un gran océano, intentaré de la mejor manera posible dejar mi aporte para no ser parte de una estadística más, de alguien que solo vio, pero nunca dijo nada.

Capítulo 1

EL GÉNESIS REVISADO

Un buen comienzo para poder introducir algunos de los conceptos e ideas los cuales como base nos serán útiles para una mayor comprensión de todas y cada una de las preguntas que como generación aún no hemos logrado resolver, sería comenzando por el principio de todo lo creado.

Sabemos que en cronología de los hechos y acontecimientos universales que dieron vida a lo creado y sistemáticamente hablando, el Génesis no sería por donde comenzar, ya que, en sucesión de eventos, éste no sería el primer libro de la Biblia. Además, tampoco es el escrito más antiguo que existe la Tierra.

Historia

El Génesis, es un texto Masorético Babilónico. El primer libro de la Torá judía escrito para el año 960 a. n. e. entre el 1440 y el 1400 a. C. para el periodo de los 40 años de divagación y peregrinaje de Israel en el desierto en su salida de Egipto.

La lingüística científica ha podido demostrar con hechos y prueba científica que los primeros relatos escritos en Jerusalén y utilizados en la liberación egipcia en el Éxodo, son mucho más antiguos que los del Génesis, ya que éste escrito tiene una lengua mucho más modernizada y estructurada, producto de una elaboración más tardía de Israel como pueblo.

El Génesis es un libro monoteísta y panteísta que muestra grandes rasgos antropológicos y cosmogónicos culturales por su manera diferente en su texto. Es parte de un conjunto de varias tradiciones, como la yahvista, elohísta, deuteronómica y la sacerdotal o presbiteral, que mescladas entre sí, forman lo que hoy conocemos como la Torá o Pentateuco en su traducción escrita.

El Génesis es un libro altamente complejo. Sería un error tratar de literalmente entender un texto escrito con mentalidad mítica oriental con una mentalidad occidental que utiliza toda clase de palabras lógicas y de estructuras epistemológicas cognoscitivas.

Aun así, del libro podríamos recuperar algunos principios atemporales y universales establecidos por Dios desde antes de la fundación del mundo que son las vías por donde el ser humano debería regir y trazar su camino por su paso en la Tierra, y entender cuál era el plan original de Dios para el hombre para darle importancia a las cosas que realmente tienen relevancia para nosotros, en estos tiempos.

Dios para poder revelarse a su creación y poner palabras divinas en estructuras mentales humanas, con un trasfondo cultural muy fuerte de su época, echa mano de toda clase de figuras, tipos y formas que ahora son las que leemos como elementos característicos y figurados de este maravilloso y revelador libro.

Dice la Biblia, *"Por la fe entendemos haber sido constituido el universo por la palabra de Dios, de modo que lo que se ve fue hecho de lo que no se veía.*

—Heb. 11: 3

El hombre, creado, formado y plantado

*"Y **creó** Dios al hombre a su imagen, a imagen de Dios lo creó; varón y hembra los creó".*

—Gen. 1:27

*"Entonces Jehová Dios **formó** al hombre del polvo de la tierra, y sopló en su nariz aliento de vida, y fue el hombre un ser viviente".*

—Gen. 2:7

*"Y Jehová Dios **plantó** un huerto en Edén, al oriente; y puso allí al hombre que había formado".*

—Gen. 2:8

EL HOMBRE CREADO

Las escrituras son muy contundentes en este punto El hombre primeramente fue creado en la eternidad pasada de Dios, para luego ser formado en Génesis y finalmente ser plantado en un huerto en Edén. Tres dimensiones distintas de un mismo hombre y de una misma realidad.

Cuando en las escrituras dice que Dios creó al hombre, esa palabra creó es "Bara" que significa, "Dios nos *creó cuando no había nada"*, *"de modo que lo que se ve fue hecho de lo que no se veía".*

Es decir, no fue en Génesis donde el hombre fue creado, sino antes de la fundación del mundo, en Su eternidad pasada, ya éramos en Él.

Dios nos creó cuando no necesitábamos ni luna, ni sol, ni luz, ni comida, etc., por eso es que el creado solo vive de la boca de Dios, *"No sólo de pan vivirá el hombre, sino de toda palabra que sale de la boca de Dios".*

—Mat. 4:4

En cambio, el formado vivirá de sus propias limitaciones y esfuerzo humano, pero cuando Dios ordene estos aspectos, entonces, entramos en una dinámica de plenitud y disfrute en todo lo que hagamos.

Tenemos que entender que hay dos versiones de nosotros mismos, la que fue creada antes de la fundación del mundo y otra que se formó en el vientre de nuestra madre. Esos dos son los hombres que compiten dentro de nosotros.

El evangelio del Reino de Dios en resumen es: *que el formado, no se "coma" al creado.* La salvación es volver a traer la naturaleza del hombre creado, el eterno para que muera el formado.

Debemos decirle al formado, a ese que lo formó la vida, la cultura, la clase social, la religión, un maestro, un Pastor, etc., etc. que antes de ser formado primero fue creado en Dios mismo.

El apóstol Pablo dice que nosotros fuimos hechura suya, fuimos creados en Él. Lo que somos en el formado no tiene nada que ver con lo que somos en el creado.

El espejo nos devuelve la imagen del hombre formado, pero nunca la del creado. No hay duda que el hombre creado en la eternidad cobrará presencia de gestión en la Tierra a partir del hombre físico y formado en el vientre de una mujer, pero nuestra realidad en Dios es mucho más violenta que eso.

Un cuadro general de los acontecimientos

El hombre fue puesto en la Tierra con una sustancia eterna, dada por Dios mismo. Cuando el hombre muere en el pecado se habilitan en él dos tipos de naturaleza, el hombre creado según Dios desde antes de la fundación del mundo y el hombre formado en Génesis.

El hombre muere a su diseño original y adopta toda clase de costumbres, formas y hábitos dirigido por los deseos de su alma. Entonces, Jesús muere, resucita Cristo, es decir, la Iglesia, nosotros, para ahora ser trasladados, del reino de las tinieblas al reino de Su amado hijo, *"El cual nos ha librado de la potestad de las tinieblas, y trasladado al reino de su amado Hijo, en quien tenemos redención por su sangre, el perdón de pecados"* ...

—Col. 1:13-14

Es decir, dejamos de operar en la naturaleza del formado para operar en la del creado.

EL HOMBRE FORMADO

Adán, varón y hembra

ISH es la palabra en la Biblia para describir **Varón** e ISHA **Varona**. La unión de ISH e ISHA forman un Adán, *"varón y hembra los creo"*.

Para lograr entender una verdad tan profunda y delicada como ésta que trastocará todos nuestros paradigmas religiosos, estructuras y líneas de pensamientos tradicionales y conservadores, y hasta criterios morales; primero tendrá que ser revelada a nuestro espíritu.

La razón principal es que nuestra mente lógica humana finita no lo puede procesar, ni siquiera imaginar, ya que no existe ninguna referencia científica que pueda explicar esto.

Nos adentraremos profundamente a estudiar este tema y dejáramos que sea la Biblia misma que nos conteste.

Dice la Biblia

"Entonces dijo Dios: Hagamos al hombre a nuestra imagen, conforme a nuestra semejanza; y señoree en los peces del mar, en las aves de los cielos, en las bestias, en toda la tierra, y en todo animal que se arrastra sobre la tierra".

— Gen. 1:26

Esto es lo que dice realmente el original

*"Entonces Dios dijo: Hagamos a **Adán**, a nuestra imagen conforme a nuestra semejanza; y tengan dominio sobre los peces del mar, y sobre las aves de los cielos…"*

La palabra Adán *no* es *varón*. Adán significa, **Ser Humano**. El primer *Género* o ser viviente formado en la Tierra. Adán es un *varón* y una **hembra** al mismo tiempo. La suma de un hombre ISH y un hombre ISHA.

Cuando somos confrontados a verdades inimaginables que no podemos explicar, como seres humanos buscaremos toda clase de razonamiento o explicación lógica para encontrar una respuesta a aquello difícil de explicar, como ésta sin duda.

Si no logramos entender esta verdad en el primer capítulo del primer libro de la Biblia, entonces; ¿cómo podríamos pretender entender el resto de los más de treinta y un mil versículos que nos restan? ¿Cómo podríamos entender al postrer Adán?

Sin la vida de Cristo como el complemento principal nunca un varón sólo o una mujer sola será toda la imagen de Dios. Esta verdad le dará sentido a nuestra vida, al matrimonio e incluso a nuestra devoción con Él. Cristo como el esposo y la Iglesia como esposa.

Más adelante dice

*"Este es el libro de las generaciones de **Adán**. El día en que creó Dios al hombre, a semejanza de Dios lo hizo. **Varón y hembra** los creó; y los bendijo, y llamó el nombre de ellos **Adán**, el día en que fueron creados".*

— Gen. 5:1-2

No fue el *varón* el que fue creado en Génesis, sino *Adán* en sus dos versiones, varón y hembra.

La Biblia dice que posterior a la creación, Dios tomó de la costilla de Adán e hizo a la mujer.

La palabra que se utiliza para traducir *"costilla"* en el original es "TSELA" y su significado aquí no es costilla. "TSELA" se traduce como *"un lado"*, da la idea de cuando algo se queda *"cojo de un lado"*.

Dios tuvo que separar al hombre por la mitad y lo dejó como si fuera de un solo lado y con una necesidad. Ahora tanto el hombre, como la mujer no serán seres autónomos, individuales o independientes. El principio es claro, Dios ni siquiera estaba pensando en Adán, sino en el postrer Adán. Un organismo vivo y corporativo donde Cristo sería la cabeza y nosotros su cuerpo.

EL HOMBRE PLANTADO

Para poder entender este concepto a profundidad primero tendríamos que analizar las leyes que rigen este principio eterno.

La ley de la primera mención

Todas las cosas que Dios menciona en la Biblia *primordialmente* es una *ley*. Tanto en lo espiritual como en lo natural todo lo que se menciona en *primer lugar* por Dios establece el principio gobernante para todas las demás veces que un asunto o principio se mencione.

La primera mención es la manera en que Dios tendría comunión con el hombre y esto ocurre cuando Dios pone a Adán delante del árbol de la vida. La intención de Dios con respecto al hombre no tiene que ver con el *hacer* sino con el *comer*.

En la ley de la primera mención cumplir con el propósito de Dios nunca fue un mandamiento sino una vida. Génesis nos dice que Dios después de crear al hombre le puso en frente del árbol de la vida. Dios no le dio una lista de mandamientos. La ley se halla en Éxodo 20 y no en Génesis 2.

Adán estaba en todos lados al mismo tiempo, Adán estaba vestido de una gloria tan fuerte que la creación lo veía y veía a Dios mismo. La gloria de Adán era una gloria diferente a los Ángeles, él era la fotografía de Dios en el huerto y los animales lo sabían. Solo faltaba una cosa por hacer.

La ley de la primera mezcla

Esta ley es la que denuncia el pecado y la muerte dentro del espíritu del hombre como naturaleza, antes de que el hombre tuviera contacto con el árbol de la vida al ejercitar su espíritu. Todas las cosas malignas y pecaminosas fueron producidas por causa de la mezcla de Satanás con el alma del hombre. La pregunta es; ¿de qué árbol comeremos hoy?

La muerte de Adán y la mía

Hay por lo menos tres teorías importantes acerca de este gran acontecimiento universal como lo fue la *"caída"* del hombre en pecado. No me gusta utilizar la palabra *"caída"*, en realidad fue una *"muerte"*, pero para efectos de entender mejor el concepto la utilizaremos.

Primero: La idea *"mítica"* de la caída del hombre: Adán y Eva son seres de existencia mitológica y no históricos.

Segundo: La idea *"realista"* de la caída del hombre: El acto de Adán no fue un acto por nosotros; fue un acto con nosotros.

Tercero: La idea *"federal"* de la caída del hombre: Adán actuó como representante de toda la raza humana. Adán pecó por todos nosotros. Su caída fue también la nuestra.

El hombre había sido puesto en el huerto del Edén como administrador. Dios lo había constituido como soberano, gobernante, productor, multiplicador absoluto y Señor de todo lo creado. Pero cuando el hombre comió de aquella comida que nunca debió haber comido, el hombre fue sacado de un estado de gobierno llamado el Reino de Dios para ser puesto en otro reino, el reino de las tinieblas.

Si le preguntara a usted cual fue la causa de la muerte del hombre seguramente contestaría que la causa fue *"Satanás"*, eso tiene algo de correcto. No obstante, no deberíamos echarle solo la culpa a Satanás. Como veremos aquí la causa principal de la muerte del hombre no fue principalmente Satanás, sino el hombre mismo.

Iremos más profundo

La causa interna principal de la muerte del hombre se dio a que el hombre ISHA asumió la posición de la cabeza de la creación. Dios es el único hombre universal. Todos nosotros formamos parte de Su esposa. No importa si somos hombres o mujeres.

La posición del hombre no es la posición del esposo, sino la posición de la esposa. Dios es nuestro esposo. Dios como cabeza tiene toda la autoridad y no nosotros, ni siquiera los varones, solo Dios es el esposo.

La ley de la segunda mezcla

Contrario a la primera mezcla, esta es la mezcla entre Dios y el espíritu del hombre representada en el huerto por el árbol de la vida que era Cristo mismo.

Todas las cosas positivas y la economía de Dios surgen de la experiencia del árbol de la vida, de la mezcla de Cristo como vida con nuestro espíritu. El Señor no tiene interés sólo en lo que hacemos, sino en dónde estamos— en nuestra alma o en nuestro espíritu.

La iglesia, el Reino y todas las cosas celestiales, positivas y espirituales surgen de la mezcla de Dios con nuestro espíritu, es decir, de la experiencia con árbol de la vida.

Dios tiene un deseo en Su corazón y es expresarse mediante el hombre. Dios no creó mil hombres a la vez, sino un solo hombre. Todos los descendientes de ese hombre fueron incluidos en la creación de ese hombre. Dios creó un hombre corporativo a Su imagen para expresarse, así que el hombre es la misma imagen, la propia expresión de Dios.

Eva en el Nuevo Pacto

"Pero temo que como la serpiente con su astucia engañó a Eva, vuestros sentidos sean de alguna manera extraviados de la sincera fidelidad a Cristo".

—2ᵈᵃ Cor. 11:3

En este versículo el Apóstol Pablo compara a Eva con los **sentidos** humanos, la palabra ***"extraviado"*** tiene que ver con los sentidos del hombre. En el Nuevo Pacto Eva no es una mujer, sino el ***"alma humana"***.

Eva es todo lo relacionado a nuestro sistema de pensamientos. En el Nuevo Pacto Adán y Eva ya no son un varón y hembra, sino Cristo y nosotros como Su esposa, la Iglesia.

Es el hombre ISHA quien come del fruto del árbol y tentado por la serpiente y sus sentidos son extraviados, es posterior al pecado, que se llamó Eva, no antes.

La Biblia dice

"Porque la mujer casada está sujeta por la ley al marido mientras éste vive; pero si el marido muere, ella queda libre de la ley del marido".

— Rom. 7:2

Este no es un versículo que se escribió pensando en un casamiento, el Apóstol Pablo no está hablando del matrimonio, él no está intentando resolver algún problema matrimonial a él solo le interesaba revelar a Cristo. "...*pero si el marido muere, ella queda libre*..." El mensaje es muy claro, está hablando de que si nuestra mente y nuestra alma todavía tienen una naturaleza viva y pecaminosa heredada de Adán, seguiremos siendo atados.

Por más que queramos cambiar terminaremos siendo lo que manda Adán, porque la ley del primer Adán es más fuerte que cualquier mentalidad.

Nuestra vieja alma está viuda, nuestros pensamientos no pueden sostener el evangelio hasta que no se sujete al nuevo Adán. Por eso dice que Cristo es la cabeza del varón y el varón la cabeza de la mujer; y no está hablando de un orden matrimonial, está hablando de un orden interior. Cristo en nosotros es el varón y nosotros Su esposa. Tenemos que notificarle a Eva que su viejo marido Adán ha muerto y que el postrer Adán, Cristo, ya está en casa.

En resumen

La muerte del hombre ni siquiera fue un asunto de "Satanás", aunque no podemos negar que ejerció alguna fuerza externa. La muerte del hombre fue un asunto de *autoridad.* En el principio el hombre andaba en el espíritu. El género Adán varón y hembra fracasó porque no operó en el espíritu.

El espíritu es el punto central en la vida del hombre, el pecado trajo consigo algo dentro del hombre, la muerte en su espíritu. El propósito de Dios desde entonces es restaurarnos a la posición inicial, la misma que Adán disfrutaba en comunión con Él en el huerto.

Nosotros hoy tenemos mucho más que lo que Adán tuvo, Dios entró en nuestro espíritu humano recreado volviéndose nuestra vida. Adán nunca comió del árbol de la vida que era Cristo, sino del árbol de la ciencia del bien y del mal. Sin embargo, nosotros hoy podemos comer de ese árbol, pues el árbol de la vida es Cristo Jesús.

Conclusión

El Génesis revisado no es una crítica teológica a la Biblia, por contrario; el Génesis revisado es un golpe directo a nuestra conciencia, intelecto, percepciones, estructuras, ideas y toda manera de pensar lógica, con el fin de remover los velos y quitar todo misticismo y subcultura religiosa que hemos adoptado como cuerpo de Cristo que no nos han dejado ver con claridad para tener un mayor grado de revelación acerca de lo que realmente allí sucedió.

El Génesis revisado no se trató nunca del primer libro de Biblia, sino todo concepto erróneo que da origen a ideas y razonamientos que son el andamiaje donde está montadas todas o la mayoría de nuestras ideas y creencias que nos han traído hasta aquí.

Principios del capítulo

1. El hombre primeramente fue creado en la eternidad pasada de Dios, para luego ser formado en Génesis y finalmente ser plantado en un huerto en Edén.

2. No fue en Génesis donde el hombre fue creado, sino antes de la fundación del mundo, en Su eternidad pasada, ya éramos en Él.

3. La salvación es volver a traer la naturaleza del hombre creado.

4. El evangelio en resumen es: que el formado, no se "coma" al creado.

5. La palabra Adán no es varón. Adán significa, Ser Humano.

6. No fue el varón el que fue creado en Génesis, sino Adán en sus dos versiones, varón y hembra.

7. La intención de Dios con respecto al hombre no tiene que ver con el hacer sino con el comer.

8. La posición del hombre no es la posición del esposo, sino la posición de la esposa

Capítulo 2

LO SANTO DE MIS PECADOS

Como mencioné al comienzo de este libro, he tenido la oportunidad de asistir a muchas actividades llamadas "cristianas" donde he visto y escuchado de todo. Frases o clichés "evangélicos" que por sus muchas repeticiones ya han sido gastadas y sin impacto en sí mismas, testimonios de todo tipo, de personas malas que ahora son buenas, enseñanzas, talleres, seminarios, en fin, toda la subcultura que hemos creado y adoptado como parte de nuestra liturgia evangélica a lo que lamentablemente llamamos el evangelio del Reino de Dios.

Este es un tema que la mayoría de las personas no quieren escuchar, pero conocerle a profundidad nos garantizará que hoy podamos disfrutar de nuestra salvación para una vida en paz con Él y me refiero al tema del pecado.

Aunque me consta, que este tema ya está siendo enseñado en algunas partes del mundo, se necesitará de mucha más educación al respecto para poder alcanzar a cientos de miles que todavía desconocen esta gran verdad. Por tal razón dedicaré todo un capítulo para de algún modo resaltar y dimensionar algunos puntos importantes que no debemos pasar por alto y que todos deberíamos conocer.

Veamos que dice la Biblia

¿Qué diremos, pues? ¿La ley es pecado? En ninguna manera. Pero yo no conocí el pecado sino por la ley; porque tampoco conociera la codicia, si la ley no dijera: No codiciarás. Más el pecado, tomando ocasión por el mandamiento, produjo en mí toda codicia; porque sin la ley el pecado está muerto.

Y yo sin la ley vivía en un tiempo; pero venido el mandamiento, el pecado revivió y yo morí. Y hallé que el mismo mandamiento que era para vida, a mí me resultó para muerte; porque el pecado, tomando ocasión por el mandamiento, me engañó, y por él me mató. De manera que la ley a la verdad es santa, y el mandamiento santo, justo y bueno. ¿Luego lo que es bueno, vino a ser muerte para mí? En ninguna manera; sino que el pecado, para mostrarse pecado, produjo en mí la muerte por medio de lo que es bueno, a fin de que por el mandamiento el pecado llegase a ser sobremanera pecaminoso.

Porque sabemos que la ley es espiritual; más yo soy carnal, vendido al pecado. Porque lo que hago, no lo entiendo; pues no hago lo que quiero, sino lo que aborrezco, eso hago. Y si lo que no quiero, esto hago, apruebo que la ley es buena. De manera que ya no soy yo quien hace aquello, sino el pecado que mora en mí. Y yo sé que en mí, esto es, en mi carne, no mora el bien; porque el querer el bien está en mí, pero no el hacerlo.

Porque no hago el bien que quiero, sino el mal que no quiero, eso hago. Y si hago lo que no quiero, ya no lo hago yo, sino el pecado que mora en mí. Así que, queriendo yo hacer el bien, hallo esta ley: que el mal está en mí. Porque según el hombre interior, me deleito en la ley de Dios; pero veo otra ley en mis miembros, que se rebela contra la ley de mi mente, y que me lleva cautivo a la ley del pecado que está en mis miembros.! ¡Miserable de mí! ¿Quién me librará de este cuerpo de muerte? Gracias doy a Dios, por Jesucristo Señor nuestro. Así que, yo mismo con la mente sirvo a la ley de Dios, más con la carne a la ley del pecado".

— Rom. 7-25

Como acabamos de leer, la Biblia es muy clara en este asunto del pecado, entonces, solo podríamos entender y disfrutar de nuestra salvación si primero tenemos en claro que es el pecado.

EL PECADO, LOS PECADOS Y EL PECADOR

"Por tanto, como el pecado entró en el mundo por un hombre, y por el pecado la muerte, así la muerte pasó a todos los hombres, por cuanto todos pecaron. Pues antes de la ley, había pecado en el mundo; pero donde no hay ley, no se inculpa de pecado. No obstante, reinó la muerte desde Adán hasta Moisés, aun en los que no pecaron a la manera de la transgresión de Adán, el cual es figura del que había de venir.

Pero el don no fue como la transgresión; porque si por la transgresión de aquel uno murieron los muchos, abundaron mucho más para los muchos la gracia y el don de Dios por la gracia de un hombre, Jesucristo. Y con el don no sucede como en el caso de aquel uno que pecó; porque ciertamente el juicio vino a causa de un solo pecado para condenación, pero el don vino a causa de muchas transgresiones para justificación.

Pues si por la transgresión de uno solo reinó la muerte, mucho más reinarán en vida por uno solo, Jesucristo, los que reciben la abundancia de la gracia y del don de la justicia. Así que, como por la transgresión de uno vino la condenación a todos los hombres, de la misma manera por la justicia de uno vino a todos los hombres la justificación de vida. Porque, así como por la desobediencia de un hombre los muchos fueron constituidos pecadores, así también por la obediencia de uno, los muchos serán constituidos justos. Pero la ley se introdujo para que el pecado abundase; más cuando el pecado abundó, sobreabundó la gracia; para que, *así como el pecado reinó para muerte, así también la gracia reine por la justicia para vida eterna mediante Jesucristo, Señor nuestro".*

— Rom. 5:12-21

Este sin duda alguna es uno de los textos bíblicos más contundentes y reveladores que podríamos encontrar en toda la Biblia, ya que de una manera magistral el Apóstol Pablo resume todo el plan eterno de Dios para el hombre en un mismo capítulo.

En el capítulo que acabamos de leer dice que la entrada del pecado al mundo fue a través de la transgresión de un solo hombre, Adán, pero también habla, que la justificación y el don de Dios por la Gracia fue dado a través de uno solo, Jesucristo.

Se puede ver fácilmente la diferencia entre el pecado y los pecados: *el pecado* está en singular y *los pecados* está en plural.

En la Biblia los pecados están relacionados con nuestra *conducta*, mientras que el pecado, está relacionado con nuestra *naturaleza*.

El pecado se refiere al poder que está dentro de nosotros que nos motiva a cometer actos pecaminosos. En contraste, los pecados se refieren específicamente a los actos pecaminosos individuales que cometemos exteriormente.

El pecado es una ley que controla nuestros miembros, *"pero veo otra ley en mis miembros, que se rebela contra la ley de mi mente, y que me lleva cautivo a la ley del pecado que está en mis miembros".*

—Rom. 7:23

Según el Apóstol Pablo, El pecado es una ley. El pecado es el poder que opera dentro de nosotros, es lo que somos, lo que nos motiva a cometer actos pecaminosos.

En nuestro interior hay un poder que nos obliga a pecar, a cometer el mal la naturaleza muerta heredada de Adán y éste algo, es el pecado, en cambio los pecados están relacionados a nuestra conducta y que se manifiestan exteriormente. Son todos aquellos actos pecaminosos tales como asesinatos, fornicación, lujurias, orgullo, ira, celos, contienda, etc., etc.

En muchas ocasiones he escuchado repetidamente por parte de algunos predicadores y maestros de la Palabra que no han entendido bien este asunto, utilizar la frase; *"la sangre de Jesús es quien perdona su pecado"*, pero cuando estudias a profundidad, esto en realidad no es lo que enseña la Palabra.

Categóricamente le puedo decir una cosa, los pecados son perdonados, no el pecado, de este tenemos que ser libertado. Por lo tanto, la Biblia nunca dice *perdón de pecado* sino *perdón de los pecados.* La Biblia tampoco habla de ser *libertados de los pecados.* Yo le puedo asegurar que la Biblia no lo dice.

La Biblia dice

"Esto es mi sangre del pacto, que es derramada por muchos para el **perdón de pecados***".*

—Mat. 26:28 (NVI)

"Pedro les dijo: Arrepentíos, y bautícese cada uno de vosotros en el nombre de Jesucristo para **perdón de los pecados***; y recibiréis el don del Espíritu Santo.*

—Hec. 2:38

"De éste dan testimonio todos los profetas, que todos los que en él creyeren, recibirán **perdón de pecados** *por su nombre".*

—Hec. 10:43

Pero acerca del pecado, de éste, necesitamos ser libertados.

"y **libertados del pecado***, vinisteis a ser siervos de la justicia".*

—Rom. 6:18

"Más ahora que habéis sido **libertados del pecado** *y hechos siervos de Dios, tenéis por vuestro fruto la santificación, y como fin, la vida eterna".*

—Rom. 6:22

Es lamentable que todavía en la era de la informática con tanta información solo al alcance de un dedo sigamos intencionalmente o no, castrando a toda una generación en muchos de los conceptos básicos mal enseñados acerca del evangelio, como lo es el tema del pecado.

Como Iglesia de Cristo es más importante enseñar correctamente acerca del pecado, que juzgar los pecados y quienes los cometen.

Se dice por ahí que hay tres clases de ignorancia; *"no saber lo que debería saberse; saber mal de lo que se sabe, y saber lo que no debería saberse". (Francois de la Rochefoucauld)*

Realidades que debemos conocer

El pecado está en la naturaleza del hombre; los pecados están en la conducta del hombre.

El pecado es lo que somos; los pecados son lo que hacemos.

El pecado es una ley en nuestros miembros; los pecados las transgresiones que cometemos.

Del pecado debemos ser libertados; de los pecados, perdonados.

El pecado está relacionado a la santificación; los pecados están relacionados a la justificación.

Figurativamente hablando, el pecado es como un árbol; los pecados, como sus frutos.

¿Quién es un pecador?

Sin duda alguna que una pregunta como ésta levantaría toda clase de razonamiento y cuestionamiento ya que existe una gran cantidad de personas y hermanos en Cristo que han sido creyentes que han sembrado su vida entera al servicio del evangelio con un testimonio incuestionable y una fe en Dios inquebrantable.

Aun así, preguntaré por segunda vez, ¿quién es un pecador? Creo que muchos me contestarían que un pecador es alguien que peca y de hecho es lo que dice el diccionario. Pero cuando usted lee la Biblia la definición es otra.

Un hombre no se hace pecador porque cometa pecados; más bien, él peca porque es un pecador. La Biblia dice que todo aquel que nació de Adán es un pecador. Según Dios, todos somos pecadores de nacimiento y por naturaleza, pecamos.

Si usted se considera a sí mismo un santo, entonces es un pecador santo de todos modos, usted sigue siendo un pecador. Todos somos pecadores por constitución, somos pecadores de nacimiento, sea que pequemos o no, no importa qué clase de persona sea usted mientras usted haya nacido de Adán es un pecador.

"Si decimos que no tenemos pecado, nos engañamos a nosotros mismos, y la verdad no está en nosotros. Si confesamos nuestros pecados, él es fiel y justo para perdonar nuestros pecados, y limpiarnos de toda maldad. Si decimos que no hemos pecado, le hacemos a él mentiroso, y su palabra no está en nosotros".

—1ra Juan 1:8-10

¡Nosotros *somos* pecadores; no nos *convertimos* en pecadores! El mayor error en la actualidad es considerar que un hombre es pecador sólo porque ha pecado si él no ha pecado no es considerado un pecador.

El peor pecado

Hemos visto el asunto acerca del pecado, los pecados y el pecador. Somos pecadores de nacimiento ya que todos hemos nacido de Adán y por tal razón dentro de nosotros opera una ley, *la ley del pecado*. Esta ley se encuentra en todos nuestros miembros y es el poder que nos obliga a cometer pecados.

Si entendemos cómo surgió el primer pecado del hombre podremos entender cómo los otros surgen, pues el principio del pecado es el mismo.

El primer pecado del hombre del antiguo testamento fue la *incredulidad* y por ende la desobediencia. En el nuevo testamento también hay un pecado sobresaliente y este es, *rehusar creer en el Señor.*

Cuando la Biblia dice que el hombre es pecador no significa que haya cometido muchos pecados ante los ojos de Dios. Lo que la Biblia considera serio es el problema que se levantó entre Dios y el hombre, el problema de incredulidad y desobediencia. Eva prefirió creerle a Satanás antes de creer en lo que Dios le había dicho.

El primer pecado no fue terrible desde el punto de vista de la apariencia. No era obsceno, no era pornográfico y mucho menos escandaloso u otro tipo. Adán y Eva sólo comieron del fruto, nada más que eso. El primer pecado dio origen a todos los otros, pues el principio que lo gobernó, gobierna todos los otros aunque puedan surgir de formas diferentes.

La Biblia hace mención que el pecado entró al mundo por un solo hombre. *"Por tanto, como el pecado entró en el mundo por un hombre, y por el pecado la muerte, así la muerte pasó a todos los hombres, por cuanto todos pecaron".*

—Rom. 5:12

El primer pecado fue el único pecado que encontramos en Edén, el primer pecado cometido por Adán fue un problema de incredulidad. El hombre fue engañado al pensar que podía ser igual a Dios, cosa que en realidad ya era.

El primer pecado trajo consigo todo tipo de pecados según su especie al mundo, donde más tarde podemos encontrar a un hermano matando a otro hermano como fue el caso de Caín y Abel. De ahí en adelante el mundo cayó en una conmoción universal, todo producto de algo que comenzó siendo sencillo, pero devastador para toda la raza humana.

Hoy día existe un concepto equivocado que debe ser desarraigado de nuestra mente. Nosotros pensamos que porque un hombre ha dejado de hacer el bien se convierte en pecador. Esto es totalmente equivocado. Mientras el hombre se haya apartado de Dios, él es un pecador, aun si es diez veces más moral que otros, mientras esté alejado de Dios, es un pecador.

Cuando el pecado entró al mundo el gobierno de Dios fue dañado. El orden que Él ya había establecido en el universo fue trastornado, su gloria fue pisoteada, su santidad fue profanada, Su autoridad fue rechazada y su verdad fue mal entendida.

Conclusión

La salvación de Dios no se detuvo con el perdón de los pecados; continuó más a fondo y trató con el origen del pecado.

La idea principal de este capítulo nunca fue confirmar la existencia de algunos pecados considerados en efecto *santos por Dios*, esto de ninguna manera, sino hacerle ver a usted que como *santos, pecamos.* Pero grande y maravilloso es nuestro Señor Jesucristo que nos ha perdonado de todos nuestros pecados para que no haya más en nosotros conciencia de pecado que nos juzgue y nos acuse porque ahora en Cristo todos fuimos libertados del pecado.

Dios es un Dios justo. En la administración del universo Él es la máxima autoridad y soberano de todo lo creado. Él tiene leyes y ordenanzas definidas acerca de los pecados y según la Biblia no somos responsables de nuestro pecado, pero sí de nuestros pecados.

La Biblia dice que, si decimos que no tenemos pecado, nos engañamos. Dios ya ha tratado y ha juzgado todos nuestros pecados, los pasados y los que cometemos en el futuro en la persona de Cristo. Además, a cada uno de nosotros nos fue dada la mente de Cristo para nunca más acordarnos de ellos, porque en Él ya todos hemos sido perdonados y justificados.

"Con Cristo estoy juntamente crucificado, y ya no vivo yo, más vive Cristo en mí; y lo que ahora vivo en la carne, lo vivo en la fe del Hijo de Dios, el cual me amó y se entregó a sí mismo por mí".

—Gal. 2:20

Principios del capítulo

1. En la Biblia los pecados están relacionados con nuestra conducta, mientras que el pecado, está relacionado con nuestra vida natural.

2. El pecado es una ley que controla nuestros miembros.

3. Los pecados son perdonados, no el pecado, de estos tenemos que ser libertados.

4. El pecado está en la naturaleza del hombre; los pecados están en la conducta del hombre.

5. El pecado es lo que somos; los pecados son lo que hacemos.

6. El pecado es una ley en nuestros miembros; los pecados las transgresiones que cometemos.

7. El pecado está relacionado a la santificación; los pecados están relacionados a la justificación.

8. Figurativamente hablando, el pecado es como un árbol; los pecados, como sus frutos.

9. Un hombre no se hace pecador porque cometa pecados; más bien, él peca porque es un pecador.

10. Como Iglesia de Cristo es más importante enseñar correctamente acerca del pecado, que juzgar los pecados y quienes los cometen.

11. El primer pecado del hombre del antiguo testamento fue la incredulidad y por ende la desobediencia.

12. Cuando el pecado entró al mundo el gobierno de Dios fue dañado. El orden que Él ya había establecido en el universo fue trastornado, su gloria fue pisoteada, su santidad fue profanada; Su autoridad fue rechazada y su verdad fue mal entendida.

Capítulo 3

EL LADO OSCURO DE LA CRUZ

Uno de los temas en la Biblia más predicado y enseñado pero muy poco entendido es sin duda alguna el tema de la cruz. Cuando hablamos de la cruz rápidamente nuestra mente lo conectará con el palo cruzado de Roma o con el acto mismo de la crucifixión hace veinte siglos atrás, cosa que en nada tiene que ver con el gran tema de la cruz de Cristo.

La cruz es un ámbito o dimensión espiritual donde día tras día estamos siendo muertos al pecado y que accedemos solo por revelación y no por información, el Apóstol Pablo dijo; *"Con Cristo estoy juntamente crucificado, y ya no vivo yo, más vive Cristo en mí; y lo que ahora vivo en la carne, lo vivo en la fe del Hijo de Dios, el cual me amó y se entregó a sí mismo por mí.*

—Gal. 2:20

La salvación

Uno de los aspectos de la cruz es sin duda alguna la salvación del hombre a través de la sangre de Jesús, pero existen otros aspectos mucho más elevados y profundos, uno de ellos fue sin duda alguna reunir y reconciliar todas las cosas en el poder del uno, Cristo.

El plan de Dios nunca fue *salvar* almas en su forma más primaria sino tener *hijos perfectos* por medio de su espíritu en Cristo.

*"Hasta que todos lleguemos a la unidad de la fe y del conocimiento del Hijo de Dios, a un varón **perfecto**, a la medida de la estatura de la plenitud de Cristo;"*

—Ef. 4:13

La diferencia entre ser salvos y ser hijos perfectos es que la primera nos llega como un beneficio colateral de morir al pecado, pero la segunda es la obra redentora del espíritu mismo manifestado en el cuerpo orgánico de la Iglesia y que se alcanza a través de la madurez.

Si nuestra visión de la vida del evangelio se concentra solo en salvar personas para llevarlos algún día al cielo, entonces una parte del reino nunca se nos reveló. Salvar personas nos llenan "iglesias" o centros de reuniones, pero los hijos perfectos edifican reino.

La Biblia dice, *"Más el Dios de toda gracia, que nos llamó a su gloria eterna en Jesucristo, después que hayáis padecido un poco de tiempo, él mismo os **perfeccione**, afirme, fortalezca y establezca".*

—1ra Pe. 5:10

De la única manera que las llamadas *"iglesias"*, centros de reuniones o asambleas locales usufructuarán la vida del reino de Dios en los santos no es con personas salvas asistiendo a los *"cultos"*, sino con hijos perfectos, posicionados en Cristo. Las personas salvas sirven para estadísticas, pero los hijos perfectos manifiestan la vida plena del reino de Dios alcanzado por madurez.

Lo que voy a decir ahora pudiera sonar un poco fuerte para nuestra mente religiosa y consumismo religioso. El evangelio no contiene absolutamente nada diseñado en función de las necesidades humanas, todo está pensado en función del propósito eterno de Dios, ya que todo fue predestinado en Cristo desde antes de la fundación del mundo.

No somos pecadores arrepentidos en busca de buenas experiencias espirituales, sino hijos herederos perfeccionados, edificados, reconciliados en el poder del uno, que por el poder de su muerte, sepultura, resurrección y entronización ya fuimos sentados en lugares celestiales en Él para gloria de su nombre, ¡Amen!

Algo de luz

"Tomarán luego un poco de sangre y la untarán en los dos postes y en el dintel de la puerta de la casa donde coman el cordero. Deberán comer la carne esa misma noche, asada al fuego y acompañada de hierbas amargas y pan sin levadura. No deberán comerla cruda ni hervida, sino asada al fuego, junto con la cabeza, las patas y los intestinos. Y no deben dejar nada. En caso de que algo quede, lo quemarán al día siguiente. Comerán el cordero de este modo: con el manto ceñido a la cintura, con las sandalias puestas, con la vara en la mano, y de prisa. Se trata de la Pascua del SEÑOR. Esa misma noche pasaré por todo Egipto y heriré de muerte a todos los primogénitos, tanto de personas como de animales, y ejecutaré mi sentencia contra todos los dioses de Egipto. Yo soy el SEÑOR. La sangre servirá para señalar las casas donde ustedes se

encuentren, pues al verla pasaré de largo. Así, cuando hiera yo de muerte a los egipcios, no los tocará a ustedes ninguna plaga destructora. Este es un día que por ley deberán conmemorar siempre. Es una fiesta en honor del SEÑOR, y las generaciones futuras deberán celebrarla".

—Ex.12: 7-14

La sombra

La primera casa donde Dios habitó no fue el tabernáculo de Moisés, sino, la casita de barro en Gosén en la salida del pueblo de Israel de Egipto hacia el desierto.

La puerta por donde ellos entraron aquella noche en la casa de barro hecha por ladrillos egipcios y el dintel rociado con la sangre del cordero significaría su salvación.

Ellos sin saberlo experimentaron la simplicidad de la salvación, la que años más tarde por un hombre llamado Jesús de Nazaret sería todo un acontecimiento público, materializado en tiempo y espacio. Esa noche cuando entraron a la casita de barro en Gosén y cruzaron la puerta, entraron *a Cristo.*

Cuando Dios le dice a Moisés que le dijera a Faraón que dejara ir a Su Hijo, Su primogénito, el que salió de Egipto no fue el pueblo de Israel, *fue Cristo*, el primogénito de entre los muertos, la expresión de un pueblo en el viejo pacto.

Cuando ellos entraron a esa casa de barro, ellos estaban siendo salvos, porque la verdadera puerta no era la puerta egipcia pintada con sangre, sino que la verdadera puerta era Cristo. Él dijo, *"Yo soy la puerta; el que por mí entrare, será salvo; y entrará, y saldrá, y hallará pastos".*

—Juan 10: 9

¡No el que por mi saliere! — la puerta que es Cristo es para *entrar* no para *salir*. La salvación no tiene que ver con salir de algo, sino con entrar a Cristo. La meta más elevada que Dios tuvo al salvar al hombre fue dispensar Su vida en Él.

Dimensiones eternas

Antes de hablar de la eternidad de Dios primero debemos entender a la dificultad que nos enfrentamos. Por tal razón, haré un paréntesis aquí para explicar algunos conceptos importantes que nos ayudarán a entender mejor la idea principal que intento enseñar.

Nuestra mente natural tiene grandes limitaciones a la hora de entender la dimensión espiritual de Dios, ya que nuestra mente finita ha sido condicionada e instruida a una temporalidad lineal o línea del tiempo de una manera completa y absoluta. Esta línea de tiempo nos dice que tenemos un pasado, un presente y un futuro los cuales relacionaremos con fechas, personajes, sucesos, etc.

La eternidad de Dios es el ámbito o dimensión operacional que envuelve todos los acontecimientos que involucran nuestra vida espiritual en Cristo.

Para Dios no existe el tiempo, Él vive en el plano de lo eterno. Dios tomó un espacio de la eternidad y lo dispensó en días y esos días en movimiento. Dios sujetó al hombre natural a la realidad del tiempo y del espacio. Dios no habita en la eternidad, la eternidad habita en Él.

Cuando Dios se manifiesta en el tiempo, para El sigue siendo Su eternidad. No como un lapso indefinible de tiempo, sino como su ámbito operacional, donde todo ya es. Dios no ve el pasado ni el futuro porque ambas cosas para Él son lo mismo vistas en tiempo real, *Su eternidad.*

La pregunta sería, ¿Cómo podría moverse alguien que está en todos lados al mismo tiempo?, ¿cómo podríamos pedir que se mueva a nuestro favor alguien que no puede moverse porque lo ocupa todo?

Amados el principio es este, para Dios es imposible decir algo y hacer otra cosa. Cuando Dios lanza una palabra no tiene posibilidad alguna de que eso no suceda, porque Su palabra lleva incorporado también *el hacer de Dios*, no es algo disociado el uno del otro.

Todo lo que podamos conocer acerca de Dios será extremadamente limitado si no entendemos este ámbito como parte de una naturaleza.

En el mundo de lo espiritual es algo que no podemos explicar con palabras porque es un ámbito sin el alcance de ellas. En la eternidad de Dios aun lo que pasará mañana ya siempre fue.

Aunque nuestro milagro tardara en verse en el mundo natural, en el mundo espiritual nuestra sanidad ha sido un hecho ya consumado y es ahí en donde hoy por fe caminamos.

Cuando logremos comprender la dimensión eterna de Dios entonces estaremos conociendo un poco más a Dios y de nosotros mismos.

Volviendo al tema

La salvación del hombre, aunque en tipología fue representada por la sangre del cordero en Éxodo para luego en la cruz ser introducida en la dimensión del tiempo y del espacio por Jesús de Nazaret, en la eternidad ya era un acto consumado, porque ya el cordero había sido inmolado en la eternidad pasada de Dios.

La cruz no quitó los pecados del hombre

Antes de abordar un tema tan delicado como este, tendremos que primero ver y analizar algunos puntos importantes aquí.

Pecado quitado, pecados perdonados

Aunque son expresiones bien parecidas, ambas encierran actividades muy diferentes. En Éxodo Dios quitó el pecado de Israel en Cristo, pero en Levítico lo perdonaba por Sus palabras y leyes.

No es lo mismo quitar el pecado del hombre que es una ley, que perdonar los pecados del hombre. Son acciones totalmente diferentes. Recordemos que cuando fueron pintados los dinteles de las puertas por la sangre del cordero en Gosen, Dios quitó el pecado del pueblo de Israel para todo su peregrinaje en el desierto.

Dios quita el pecado porque solo así Él podría ver a todo un pueblo a través de Cristo, de otra manera, nunca los hubiera visto. Él le dice a Moisés, ve y dile al Faraón que dejara ir Su *"primogénito"* al desierto para que le sirviera, tres millones de personas vistos solo a través en uno, Cristo. ¿Lo ven?, a través de la sangre del cordero que representaba una tipología de Cristo mismo, el pecado del hombre fue quitado primero en Éxodo, *no* en la cruz.

Ahora, aquí está la confusión. Quitar el pecado es una cosa, perdonar pecados es otra.

Dios salva al hombre con la muerte

"Sabiendo esto, que nuestro viejo hombre fue crucificado juntamente con él, para que el cuerpo del pecado sea destruido, a fin de que no sirvamos más al pecado".

—Rom. 6:6

Dios no perdona al hombre, Dios nunca perdonó a Adán, lo mató, no lo perdonó. Dios a los únicos que perdona son a los que están en Cristo. El perdón de pecados es para los que han sido justificados por Su sangre y que ahora buscan vivir en la justicia de Dios en la Tierra.

El evangelio no es el mejoramiento ni la educación de Adán. El evangelio es el anuncio de la muerte total y absoluta de Adán, para que la nueva creación que es el género Dios que está en nosotros y con que fuimos engendrados, pueda ser edificado juntamente con Cristo.

Dios no va a perdonar el pecado del mundo, Dios ya ha quitado el pecado del mundo. No son los mensajes de perdón de pecados y arrepentimiento los que necesitamos en estos tiempos sino como levantamos a toda una generación de hijos maduros viviendo y edificando los estándares de la justicia de Dios en la tierra, solo eso.

Dios no quiere perdonar nuestros pecados, Él ya lo hizo en Cristo. Él solo ve a dos personas en el mundo, los que están en Cristo y las que no.

Como dijimos anteriormente, Dios no perdonó a Adán, lo mató, para más tarde llegar al mundo a través de un justo llamado Jesús de Nazaret, quien murió en la cruz para luego ser sepultado en una tumba. Pero éste Jesús fue tan y tan justo que ni aun la tumba pudo retenerle y cuando resucitó, resucitó a toda la humanidad en Él para que ahora nosotros también podamos vivir Su justicia.

El perdón de los pecados es para los hijos, no para los impíos. Los impíos primero tienen que morir a su naturaleza caída, a su naturaleza Adámica. El problema y la confusión es que hay muchas personas buscando el perdón de sus *pecados* sin que hayan sido primero libertados *del pecado.* Dios no subyuga el pecado, el cambia de persona.

El evangelio de Jesucristo es una palabra viva, ante la cual nos podemos exponer todos los días, no un mensaje "evangélico" que alguien nos predicaría alguna vez.

Entre tantas historias de la Biblia que podríamos mencionar para tener un mayor grado de revelación y entendimiento sobre este argumento, estudiaremos la siguiente.

"Entró Jesús otra vez en Capernaum después de algunos días; y se oyó que estaba en casa. E inmediatamente se juntaron muchos, de manera que ya no cabían ni aun a la puerta; y les predicaba la palabra. Entonces vinieron a él unos trayendo un paralítico, que era cargado por cuatro.

*Y como no podían acercarse a él a causa de la multitud, descubrieron el techo de donde estaba, y haciendo una abertura, bajaron el lecho en que yacía el paralítico. Al ver Jesús la fe de ellos, dijo al paralítico: Hijo, **tus pecados te son perdonados**.*

Estaban allí sentados algunos de los escribas, los cuales cavilaban en sus corazones: ¿Por qué habla éste así? Blasfemias dice. ¿Quién puede perdonar pecados, sino sólo Dios? Y conociendo luego Jesús en su espíritu que cavilaban de esta manera dentro de sí mismos, les dijo: ¿Por qué caviláis así en vuestros corazones? ¿Qué es más fácil, decir al paralítico: Tus pecados te son perdonados, o decirle: ¿Levántate, toma tu lecho y anda? Pues para que sepáis que el Hijo del Hombre tiene potestad en la tierra para perdonar pecados (dijo al paralítico): A ti te digo: Levántate, toma tu lecho, y vete a tu casa.

Entonces él se levantó en seguida, y tomando su lecho, salió delante de todos, de manera que todos se asombraron, y glorificaron a Dios, diciendo: Nunca hemos visto tal cosa".

—Mar. 2: 1-12

En este capítulo de la Palabra podemos ver a Jesús, como en muchas ocasiones, enseñando y compartiendo algunas de sus enseñanzas con los discípulos. Dice que el lugar estaba lleno de personas y no había espacio dentro de la casa para poder entrar, luego dice, que llegaron cuatro amigos de un paralítico cargándole para llevarle frente a Jesús, pero se encontraron con un gran problema. Dice la historia que ellos no pudieron entrar por la gran multitud que estaba allí.

Entonces dice el relato que hicieron un hueco por el techo por donde pudieron bajar su amigo el paralítico para ponerle frente a Jesús. Acto seguido, Jesús lo mira y le dice, ***tus pecados te son perdonados***— me parece escuchar algún religioso diciendo— ¿cómo es esto?, ¿cómo es que tus "pecados te son perdonados"?

53

¿Pero quién se ha creído este Jesús que es?, ¿ahora se hace como el que perdona pecados? —Y me parece ver a Jesús decirle, SI, ya al hijo del hombre le fue dada toda la potestad de perdonar pecados.

Cuantos de los llamados "cristianos" hoy van ante Dios para decirle, "Señor perdóname, perdona mis pecados, y muchas veces sienten que Dios no logra perdonarles. Piensan que aún no han hecho lo suficiente, entonces, doblan su tiempo de oración, van con más regularidad a las reuniones de culto, ofrendan más seguido, tratan de portarse bien y hacen toda clase de cosas para lograr sentirse bien ante Dios, entonces dicen algo similar, *"ya siento que Dios me perdonó"*.

Ahora noten lo siguiente; Jesús le está mostrando que Él podía perdonar pecados pero que, aun así, había algo más importante que le faltaba por hacer. Recuerden que en este momento de la historia Jesús no había ido aun a la cruz, sin embargo, ya el Padre le había dado la potestad de perdonar pecados. Es decir, no hacía falta la cruz para perdonar pecados, ¿lo puedes ver? Entonces, la pregunta que nos podríamos hacer en este punto es; ¿si Jesús podía perdonar todos los pecados de los hombres, porque entonces fue a la cruz?

Jesús fue a la cruz, porque en la cruz, Él *no* perdonó nuestros pecados; **en la Cruz Él pagó el precio y la deuda por todos y cada uno de ellos**, por lo cual; la ofensa desaparece, el odio desaparece, el temor desaparece, la culpa desaparece porque ahora todas ellas quedaron absorbidas en Cristo.

Ya no hay nada que pueda acusarte, nada que pueda señalarte, ya no hay delitos en tu contra, porque ahora somos justificado en Él. Porque cuando hay una deuda y ésta es salda, todo queda anulado, en otras palabras, cuando ahora vamos a la cruz y le decimos a la cruz cosas como estas: *"Señor perdona mis pecados"*, la cruz nos dirá, *"que pecados, no sé de qué me hablas"*. Eso querido lector se le llama justificación, el acto donde ahora Dios nos ve en Cristo.

Para el mundo nuestros pecados son una vergüenza, pero para Dios son una ofrenda, ya que Él no recibe el olor de nuestros pecados, él recibe el sacrificio de Cristo. Cada vez que un hombre confiesa sus pecados, el sacrificio de Cristo es recordado y anunciado en la eternidad al Padre.

Conclusión

Para ir cerrando con la idea principal de este capítulo del libro, y si has llegado a este punto, son varias las peguntas que ya deberían estar brincándote en la cabeza. ¿Cuál entonces sería el lado oscuro de la cruz del que se me quiere hacer ver? ¿A dónde debemos arribar con todo esto?

A lo que contestaré

El lado oscuro de la cruz no es algo misterioso y místico de una acción inconclusa que se nos ha tenido vetada como un secreto de estado, por el contrario, el lado oscuro de la cruz es el conocimiento claro, pleno y maduro de una verdad presente revelada a nuestro espíritu y que como generación no hemos visto por estar posicionados al lado contrario de la cruz.

El lado oscuro de la cruz no es algo que no vemos es algo que no se nos revela. Como generación debemos cruzar al otro lado de la cruz. De un Jesús histórico que murió como hombre para resucitar en un Cristo corporativo en forma de Iglesia y que por la obra redentora del Espíritu Santo fue impartido y dispensado en cada uno de nosotros para hacernos parte de Su cuerpo orgánico aquí en la Tierra.

Al consumar su obra en el hombre, Dios no trata con individuos. El incluye a la humanidad entera en Cristo porque en la cruz Él no murió *por* nosotros, Él murió *con* nosotros.

Principios del capítulo

1. La cruz es un ámbito o dimensión espiritual donde día tras día estamos siendo muertos al pecado y que accedemos solo por revelación y no por información.

2. El plan de Dios nunca fue salvar almas en su forma más primaria sino tener hijos perfectos por medio de su espíritu en Cristo.

3. Si nuestra visión de la vida del evangelio se concentra solo en salvar personas para llevarlos algún día al Cielo, entonces una parte del reino nunca se nos reveló.

4. El evangelio no contiene absolutamente nada diseñado en función de las necesidades humanas, todo está pensado en función del propósito eterno de Dios.

5. El que salió de Egipto no fue el pueblo de Israel, fue Cristo, el primogénito de entre los muertos, la expresión de un pueblo en el viejo pacto.

6. La puerta que es Cristo, es para entrar no para salir. La salvación no tiene que ver con salir de algo, sino con entrar a Cristo.

7. La eternidad de Dios es el ámbito o dimensión operacional que envuelve todos los acontecimientos que involucran nuestra vida espiritual en Cristo.

8. Dios no ve el pasado ni el futuro porque ambas cosas para Él son lo mismo vistas en tiempo real, Su eternidad.

9. El perdón de pecados es para los que han sido justificados por Su sangre y que ahora buscan vivir en la justicia de Dios en la Tierra.

10. Dios no va a perdonar el pecado del mundo, Dios ya ha quitado el pecado del mundo.

11. El evangelio de Jesucristo es una palabra viva, ante la cual nos podemos exponer todos los días.

12. Jesús fue a la cruz, porque en la cruz, Él no perdonó nuestros pecados; Él pagó el precio y la deuda por todos y cada uno de ellos.

13. Para el mundo nuestros pecados son una vergüenza, pero para Dios son una ofrenda, ya que Él no recibe el olor de nuestros pecados, él recibe el sacrificio de Cristo.

Capítulo 4

LA INSENSIBILIDAD DE DIOS

Por un momento imagínese al peor criminal de todos los tiempos, piense en el hombre más malo y corrupto que haya existido y pisado la tierra. En la persona más perversa y despiadada del mundo.

Ahora imagínese que a ese hombre lo atrapan y va a la cárcel y todos sabemos que en definitiva merece la muerte por todo lo malo que ha hecho. Pero de repente recibe una carta informándole lo siguiente:

Sr. Convicto:

"Nos place informarle la hermosa noticia que usted ha sido hallado inocente de todos los cargos que pesaban en su contra. Esta resolución a favor de usted fue tomada por unanimidad por todos los ministros de la excelentísima Corte Suprema de Justicia.

No solo eso, el Juez de la Corte Suprema ha decidido no solo darle el perdón de todos los delitos que pesan en su contra, sino que también ha querido adoptarlo como hijo suyo y hacerlo heredero de todos sus bienes y derechos.

Le informo que ésta sentencia jamás hubiese sido posible si no fuera por la brillante y noble defensa que hizo el hijo del Juez de la Corte Suprema quien, actuando como abogado suyo, no solo le representó durante el juicio, sino que también quiso ocupar su lugar en la ejecución de la pena de muerte que había en contra suya".

En cierta ocasión en un entrenamiento para líderes que fue organizado por mi Pastor, uno de los recursos invitado para ese día, un maestro de la Palabra el cual estimo y respeto en gran manera dijo la siguiente frase: ***"el amor de Dios tiene un aspecto altamente frío".*** Y les confieso que en ese momento todas mis neuronas se revolcaron y entré en un estado de confusión terrible, ya que no entendía la razón por la cual él aseguraba y daba por hecho esta aseveración acerca del amor de Dios.

Toda mi vida escuché acerca de un Dios padre amoroso. Crecí oyendo del amor incondicional de Dios hacia el ser humano. Un Dios que nos amó incondicionalmente por encima de todas las cosas, que fue capaz de entregar a Su hijo para que muriera en la cruz solo por amor a nosotros. Esto fue lo que siempre creí.

Luego de escuchar estas declaraciones me di a la tarea de estudiar profundamente acerca del tema y sobre estas afirmaciones. Para mi sorpresa descubrí que en efecto el predicador decía una verdad inmutable, un principio inquebrantable del que no conocía. Entonces fue que conocí la Justicia de Dios. El aspecto legal de Dios.

Muchos de nosotros conocemos, ya sea que lo hayamos visto en la televisión o leído en la prensa, toda la seriedad, protocolo, orden, estructura y legalidad judicial que envuelve un caso en la corte.

Uno de los puntos importantes a resaltar aquí es que en un caso en la corte nunca está regulado por el amor sino por la justicia, leyes y principios legales. Un juez no tomará ni emitirá ninguna decisión o sentencia a favor o en contra de un acusado solo porque su corazón o nivel moral se lo dicte. Esa decisión será solo un asunto basado en leyes y ordenanzas.

Por tal razón, teniendo eso en mente hablaremos de la naturaleza, cualidades y efectos de la justicia de Dios. Les aseguro que si esta verdad se logra revelar a nuestro espíritu, nuestra vida espiritual en Cristo tomará otro sentido.

LA JUSTICIA DE DIOS

He pasado los últimos años de mi vida en el estudio profundo de esta verdad y les confieso que entre más lo estudio más me doy cuenta de que solo nado en la superficie.

Dios a través de la historia ha levantado a grandes reformadores tales como Martín Lutero, Juan Calvino, Ulrico Zuinglio, Philipp Melanchton, entre otros más. Muchas de sus enseñanzas han girado en torno al tema de la justicia de Dios y la justificación por medio de la fe en Cristo. Siendo éstas en su gran mayoría, la base doctrinal para muchas "iglesias" o centros de reuniones a través del mundo.

Dios en la eternidad pasada nos predestinó para que fuésemos hechos sus hijos. Sin embargo, aun siendo predestinados morimos en pecado, por ésta razón entra en juego *la justicia de Dios.*

No existe palabra alguna que podamos utilizar para describir un hecho tan profundo como es la justicia de Dios, ya que no es un tema que se pueda enseñar, sino una naturaleza que primero se nos tiene que revelar.

Entonces, ¿Qué es la justicia de Dios? La justicia de Dios es el procedimiento de la salvación que Dios efectúa en el aspecto jurídico.

Dios no pudo perdonar los pecados del ser humano sin antes cumplir con las exigencias de Su justicia.

Cristo murió una muerte vicaria en calidad de sustituto de los pecadores, una muerte que fue legítima conforme a la ley de Dios y fue reconocida y aprobada por Dios según la ley—Is. 53:5-6.

Cristo, el Justo, fue juzgado por nosotros los injustos, por el Dios justo conforme a Su justicia para que Cristo quitara la barrera representada por nuestros pecados y nos llevará a Dios, haciendo así de nosotros la justicia de Dios en Él—1ra Pe. 3:18, 2da Cor. 5:21.

En la cruz Jesús fue hecho pecado por nosotros, condenó al pecado en la carne y al morir a nuestro favor cumplió toda la justicia de Dios; ahora, por causa de Su justicia, Dios tuvo que perdonarnos.

La justicia de Dios es Cristo mismo y no simplemente un atributo divino. Podemos decir que la justicia de Dios es todo aquello que es Dios mismo en relación con Su equidad y rectitud. No es un simple término abstracto, sino una persona o naturaleza.

El gran dilema de Dios

Aunque Dios nos ama mostrándonos Su misericordia y concediéndonos Su Gracia y amor, hay una cosa que le impedía hacerlo a la hora de perdonarnos. Hay un *dilema* que Dios primero debió resolver antes de concedernos el perdón de los pecados y salvarnos. Y esto es: *Su justicia.*

Si Dios ha de salvarnos, Él no puede hacerlo en una forma que contradiga Su naturaleza. Él debe salvarnos y ponernos en una condición que corresponda o se iguale a Él. Para Dios es fácil salvar al hombre, pero no es tan fácil salvar al hombre en una manera justa.

Dios es un Dios justo, si Él simplemente les otorgara perdón de una manera rápida a los que pecan, estaría tomando una posición injusta y no estaría cumpliendo con las exigencias de Su justicia.

No hay duda de que Dios nos ama, pero por otra parte Él odia el pecado. Si Dios juzgara el pecado sin misericordia no tendría *amor.* Pero si pasara por alto los pecados del hombre sin juzgarlos tampoco tendría *justicia.*

El amor de Dios es Su naturaleza, la santidad y la Gracia Su disposición. Sin embargo, *la justicia* es Su procedimiento, Su método, la manera en que Él hace las cosas. "El amor de Dios está limitado por Su justicia". El amor es un hecho, el pecado también, pero la justicia es una necesidad.

Él no puede degradarse a Sí mismo a un estado de injusticia en el proceso de perdonar nuestros pecados. Dios será por siempre el Dios justo.

La Gracia de Dios está basada en Su *amor* hacia nosotros, le hace estar dispuesto para salvarnos. Más Su *justicia* está basada en la muerte de Su Hijo por nosotros, le hace incapaz de *no* salvarnos.

La justicia de Dios expresada en la Cruz

"Pues mucho más, estando ya justificados en su sangre, por él seremos salvos de la ira. Porque si siendo enemigos, fuimos reconciliados con Dios por la muerte de su Hijo, mucho más, estando reconciliados, seremos salvos por su vida".

—Rom. 5:9-10

Todas las obras que el ser humano pueda hacer no son suficientes para pagar el precio del pecado que heredamos de Adán. El único que pudo realmente satisfacer la ira de Dios y pagar así todo el pecado de la humanidad fue Jesucristo cuando murió en la cruz del calvario.

Para que alguien pudiera satisfacer la ira de Dios y así merecer el perdón de sus pecados, tenía que cumplir con dos requisitos esenciales. Primero: debía ser alguien sin pecado, para que así pueda ser aceptado el sacrificio por Dios. Y segundo, debía ser un hombre, para que nos pudiera representar en la cruz, ya que fue el hombre quien pecó y no otra criatura.

La obra de la cruz se cumplió para nosotros por el amor de Dios. Pero cuando hoy venimos a Dios por medio de la obra que Jesucristo efectuó, Dios tiene que perdonarnos basado en Su fidelidad y justicia.

A Dios no le quedó otra alternativa que perdonarnos por causa de la justicia. Él está absolutamente obligado a salvar a cualquiera que viene a Dios mediante la sangre de Jesús. ¡Es imposible para Él no perdonarnos! Fue el amor lo que llevó al Hijo a la cruz, pero fue la justicia la que hizo que Dios perdonara nuestros pecados.

En la Cruz Él nos mostró cuánto odia el pecado que prefirió que su Hijo fuese clavado, pero nunca renunciar a Su justicia. La cruz cumple los requisitos de la justicia y los requisitos del amor. La cruz no es solo el lugar donde el amor de Dios se manifestó sino también Su justicia.

Debemos saber que antes de la muerte del Señor Jesús, era injusto que Dios perdonara nuestros pecados, pero después de la muerte del Señor Jesús, sería igualmente injusto si no perdonara nuestros pecados.

Solo por fe

La justicia de Dios por medio de la fe en Jesucristo, para todos los que creen en él. Porque no hay diferencia, por cuanto todos pecaron, y están destituidos de la gloria de Dios, siendo justificados gratuitamente por su gracia, mediante la redención que es en Cristo Jesús, a quien Dios puso como propiciación por medio de la fe en su sangre, para manifestar su justicia, a causa de haber pasado por alto, en su paciencia, los pecados pasados, con la mira de manifestar en este tiempo su justicia, a fin de que él sea el justo, y el que justifica al que es de la fe de Jesús. ¿Dónde, pues, está la jactancia? Queda excluida. ¿Por cuál ley? ¿Por la de las obras? No, sino por la ley de la fe.

—Rom. 3:22-27

"Porque en el evangelio la justicia de Dios se revela por fe y para fe, como está escrito: más el justo por la fe vivirá",

—Rom. 1:17

El único *medio* por el cual nosotros alcanzamos la justificación es la *fe* en Jesucristo. Es la fe quien nos lleva a un estado de justificación delante de Dios donde la justicia de Cristo nos es imputada. Así como Adán nos imputó el pecado en el pacto de obras, Dios nos imputa Su justicia en el pacto de la Gracia a través de la fe en Cristo.

¿Cómo se manifiesta la justicia de Dios? El Apóstol Pablo en el libro de Romanos dice: *"La justicia de Dios por medio de la fe en Jesucristo, para todos los que creen en él. Porque no hay diferencia". Por cuanto todos pecaron, y están destituidos de la gloria de Dios".*

—Rom. 3:22-23

Puesto que todos pecaron y están destituidos de la gloria de Dios. Entonces, ¿cómo podemos obtener la gracia de Dios? Los versículos 24 y 25 del mismo capítulo de Romanos dicen que somos justificados gratuitamente mediante la redención que es en Cristo Jesús, a quien Dios ha presentado como propiciatorio.

"Siendo justificado gratuitamente por su gracia, mediante la redención que es en Cristo Jesús. A quien Dios puso como propiciación

por medio de la fe en su sangre, para manifestar su justicia, a causa de haber pasado por alto, en su paciencia, los pecados pasados".

—Rom. 3:24-25

Dios envió a Jesús para redimirnos de nuestros pecados y le puso como propiciatorio. Creo que la mayoría de nosotros sabemos lo que es el propiciatorio. Es la cubierta del arca que estaba en el tabernáculo del Antiguo Testamento; era el lugar donde Dios concedía gracia al hombre. Jesús ahora se ha convertido en el propiciatorio por lo cual ahora Dios no puede hacer otra cosa que no sea concedernos Su gracia y Su justicia.

La fe es el único medio por el cual recibimos a Cristo. La fe nos une a Cristo, y estando unidos con Él somos poseedores de todo lo que es de Él.

DIOS NO DA JUSTICIA, NOS HIZO ELLA

*"Al que no conoció pecado, por nosotros lo hizo pecado, para que nosotros fuésemos **hechos justicia** de Dios en él".*

—2ᵈᵃ Cor. 5-21

Según este versículo no sólo somos justos ante Dios, sino que venimos a ser *la justicia misma*. En Cristo somos hechos la justicia de Dios. Somos tan justos y rectos como Dios mismo. Ésta es una experiencia subjetiva muy profunda. Esto significa que a los ojos de Dios no sólo somos justos, sino que somos la justicia misma de Él.

Esto quiere decir que ante los ojos de Dios, en ningún sentido estamos errados ni somos injustos. Para Dios, cada parte de nuestro ser es perfecto. Éste no es primordialmente un asunto relacionado con nuestro comportamiento, carácter o conducta externa, sino con nuestro ser interior.

Ser justificados por Dios significa ser iguales a Él. Cuando fuimos salvos, fuimos revestidos de Cristo como parte de nuestra vestidura de justicia. De este modo, no sólo tenemos el cimiento, sino también todo el edificio.

LA JUSTIFICACIÓN

"Justificados, pues, por la fe, tenemos paz para con Dios por medio de nuestro Señor Jesucristo; por quien también tenemos entrada por la fe a esta gracia en la cual estamos firmes, y nos gloriamos en la esperanza de la gloria de Dios".

—Rom. 5: 1-2

La justificación no es otra cosa que la manera para que un pecador sea aceptado por Dios. Justificar es hacer intrínsecamente justo y *pronunciar* formalmente o declarar legalmente justo.

La justificación es un cambio legal desde un estado de culpabilidad y condenación a un estado de perdón y aceptación; y este cambio es debido exclusivamente a un acto de la Gracia de Dios, basado sobre la justicia de Cristo.

Algunas definiciones de grandes Teólogos acerca de la justificación

1. "La justificación es un acto judicial de Dios en el cual El declara, sobre la base de la justicia de Jesucristo, que todas las demandas de la ley están satisfechas con respecto al pecador" *(Louis Berkhof).*

2. "Se dice que una persona es justificada cuando ella es considerada por Dios como libre de la culpa del pecado y su merecido castigo; y como teniendo aquella justicia perteneciéndole eso le da derecho a la recompensa de la vida" *(Jonathan Edwards, 1750).*

3. "La justificación, por lo tanto, no es otra cosa que una absolución de culpabilidad de aquel que fue acusado, como si su inocencia hubiese sido probada. Ya que Dios, por lo tanto, nos justifica por la mediación de Cristo, Él nos exculpa, no por un reconocimiento de nuestra inocencia personal, sino por una imputación de justicia; de manera que, quienes somos injustos en nosotros mismos, somos considerados como justos en Cristo" *(Juan Calvino, 1559)*.

4. "Así definimos la justificación de un pecador conforme al Evangelio: Es un judicial, pero gracioso acto de Dios, por el cual el pecador escogido y creyente es absuelto de la culpa de sus pecados, y adquiere un derecho a la vida eterna concedido a él, a causa de la obediencia de Cristo, recibida por fe" *(Hermann Witsius,1693)*.

5. "La justificación es un acto de Dios de libre gracia hacia los pecadores, en el cual Él perdona todos sus pecados, acepta y considera justa a sus personas delante de Sus ojos; no por alguna cosa producida en ellos, o hecha por ellos, sino solamente por la perfecta obediencia y la completa satisfacción [el pago o la reparación] de Cristo, imputadas por Dios a ellos, y recibidas por la fe sola" *(Asamblea de Westminster, Catecismo menor, 1643)*.

6. "Por justificación queremos decir esa acción judicial de Dios en la cual, por cuenta de Cristo, a quien el pecador se une por fe, declara que el pecador ya no está expuesto al castigo de la ley, sino que está restaurado y vuelve a gozar del favor de Dios" *(Augustus Hopkings Strong, Teólogo Bautista)*.

7. "Además, se enseña que no podemos lograr el perdón y la justicia delante de Dios por nuestro mérito, obra y satisfacción, sino que obtenemos el perdón del pecado y llegamos a ser justos delante de Dios por gracia, por causa de Cristo mediante la fe, si creemos que Cristo padeció por nosotros y que por su causa se nos perdona el pecado y se nos conceden la justicia y la vida eterna. Pues Dios ha de considerar e imputar esta fe como justicia delante de sí mismo, como San Pablo dice a los romanos en los capítulos 3 y 4. Enseñamos también que no podemos obtener el perdón de los pecados y la justicia delante de Dios por nuestro propio mérito, por nuestras obras o por nuestra propia fuerza, sino que obtenemos el perdón de los pecados y la justificación por pura gracia por medio de Jesucristo y la fe. Pues creemos que Jesucristo ha sufrido por nosotros y que gracias a Él nos son dadas la Justicia y la vida eterna. Dios quiere que esta fe nos sea imputada por justicia delante de Él como lo explica pablo en los capítulos 3 y 4 de la carta a los Romanos. *(Confesión Luterana de Augsburgo. 1530).*

La justificación es un pronunciamiento divino, legal y definitivo. La justificación no se refiere a algún cambio subjetivo producido en la actitud de una persona, sino que es exclusivamente un cambio objetivo en su posición en relación con la ley.

La justificación es más poderosa que el perdón de pecados, porque el perdón de pecados es la cancelación de la deuda en nuestra contra, mientras que la justificación por medio de la fe en Cristo nos hace ser la *justicia misma* de Dios.

El perdón trata solamente con los actos de un hombre, la justificación con el hombre en sí. El perdón considera a los pedidos de clemencia, la justificación a los de justicia. El perdón solamente libra de la maldición causada por el pecado; la justificación además de eso nos otorga el derecho de ser llamados hijos de Dios. La justificación se aplica al creyente con respecto a las demandas de la ley, el perdón con respecto al Autor de la ley.

La justificación es un acto de libre gracia de Dios hacia los pecadores, en el cual, Él perdona todos sus pecados, acepta y considera justas a las personas delante de sus ojos; no por alguna cosa producida en ellos, o hecha por ellos sino solamente por la perfecta obediencia y la completa satisfacción de Cristo, imputadas por Dios a ellos y recibidas solo por la fe.

Jesús fue la corporificación de Dios mismo caminando en la Tierra. Cuando murió en la cruz y realizó la redención mediante el derramamiento de sangre, le otorgó la base legal a Dios para que hoy nosotros fuéramos justificados en Él.

Naturaleza

La justificación trata solamente del aspecto legal de la salvación. Es un término judicial, una palabra de los tribunales de justicia. Es la sentencia de un juez sobre una persona que ha sido traída delante de él para ser juzgada.

Es aquel acto de la gracia de Dios como Juez, en la elevada corte del cielo, por el cual Él dictamina que un pecador es libertado de la penalidad de la ley y totalmente restaurado al favor divino. Es la declaración de Dios de que la parte acusada está totalmente de acuerdo con la ley; la justicia lo exculpa porque la justicia ha sido satisfecha.

La justificación tiene la particularidad de estar enmarcada en un ámbito jurídico-legal. La justificación es un cambio de una naturaleza jurídica.

En la analogía que leímos al principio acerca del convicto, la justificación da la idea de un juicio en corte. Justificar significa declarar justo, es decir, hallar inocente a una persona que está siendo juzgada ante un tribunal.

En la justificación están presentes todos los elementos de un proceso judicial.

(1) Se supone un juicio, sobre el cual el salmista implora que este no se desarrolle de acuerdo con la ley: Sal. 143:2.

(2) El Juez es Dios mismo: Sal. 50:6.

(3) El tribunal donde Dios está sentado para el juicio es el trono de la gracia: Heb. 4:16.

(4) Una persona culpable. Ella es el pecador, quien es tan culpable de pecado como para ser abominable ante el juicio de Dios: Rom. 6:23.

(5) Los acusadores están listos para plantear e impulsar las acusaciones contra la persona culpable; éstos son la ley (Juan 5:45), la conciencia (Rom.2:15).

(6) La acusación es admitida y redactada en un 'acta' en forma de ley, y es puesta para el veredicto del infractor delante del tribunal del Juez, en la baranda que está alrededor de Él: Col. 2:14.

(7) Se prepara una defensa en el Evangelio en favor de la persona culpable: esta es la gracia, a través de la sangre de Cristo, el rescate pagado, la eterna justicia traída por el Fiador del pacto: Rom. 3:23, 25.

(8) A Él solo acude el pecador, renunciando a toda otra disculpa o defensa cualesquiera sean: Sal. 130:2, 3.

(9) Para hacer eficaz esta súplica tenemos un abogado con el Padre, y Él presenta Su propia propiciación por nosotros: 1 Juan 2:1, 2.

(10) La sentencia acerca de esto es la absolución, a causa del sacrificio y la justicia de Cristo; con la aceptación en el favor, como personas aprobadas por Dios: Rom. 8:33, 34; 2 Cor. 5:21. *(John Owen).*

Cualidades

Primero: Es Externa o Declarativa

Contrario a la regeneración y santificación que son procesos que ocurren y se van desarrollando progresivamente en la vida de los Santos, la justificación en un acto que ocurre *fuera* de nosotros.

La justificación es totalmente *externa*, significa que Dios no nos justifica por algo bueno que haya visto dentro de nosotros, sino que es un cambio de nuestra posición judicial donde pasamos de ser culpables a ser inocentes.

La santificación es moral o experimental, la justificación es legal o judicial. La santificación resulta de la operación del Espíritu en mí, la justificación está basada en lo que Cristo ha hecho por mí. Una es gradual y progresiva, la otra es instantánea e inmutable. Una admite grados y nunca es perfecta en esta vida; la otra es completa y no admite adición.

Una tiene que ver con mi estado, la otra tiene que ver con mi posición delante de Dios. La santificación produce una transformación del carácter, la justificación es un cambio de estatus legal, es un cambio desde la culpa y condenación al perdón y aceptación, y esto solamente por un acto de gracia de parte de Dios, fundado sobre la imputación de la justicia de Cristo, por medio del instrumento de la fe solamente.

Segundo: Es imputada

"Por tanto, como el pecado entró en el mundo por un hombre, y por el pecado la muerte, así la muerte pasó a todos los hombres, por cuanto todos pecaron".

—Rom. 5:12

"Pues si por la transgresión de uno solo reinó la muerte, mucho más reinarán en vida por uno solo, Jesucristo, los que reciben la abundancia de la gracia y del don de la justicia".

—Rom. 5:17

"Que Dios estaba en Cristo reconciliando consigo al mundo, no tomándoles en cuenta a los hombres sus pecados, y nos encargó a nosotros la palabra de la reconciliación".

—2 Cor. 5:19

Dice la Biblia que el pecado entró al mundo y por un solo hombre. Cuando Adán pecó, imputó todo el pecado a la raza humana donde ahora todos somos considerados pecadores ante Dios. Así también la Justicia de Dios a través de Cristo fue imputada al hombre, donde ahora Dios nos acepta y nos considera justos ante sus ojos.

La justicia imputada de Dios es la base de la justificación y el único medio para poder alcanzarla es por la fe en Cristo Jesús, no hay otra manera.

"Así que, como por la transgresión de uno vino la condenación a todos los hombres, de la misma manera por la justicia de uno vino a todos los hombres la justificación de vida. Porque así como por la desobediencia de un hombre los muchos fueron constituidos pecadores, así también por la obediencia de uno, los muchos serán constituidos justos".

—Rom. 5:18, 19

Aquí la trasgresión o desobediencia del primer Adán es contrastada a la justicia u obediencia del postrer Adán, y puesto que como la desobediencia del primero fue una real trasgresión de la ley, por lo tanto, la obediencia del último debe ser Su activa obediencia a la ley.

Tercero: Es Inmediata

Como dijimos anteriormente, la justificación no es un proceso, ni un acto progresivo de perfección o santificación en la vida de un creyente. Tampoco es algo que alcanzamos con el paso del tiempo en nuestra madurez en Él. La justificación es un cambio de posición inmediata.

Cuando Jesús pagó la deuda de todos y cada uno de nuestros pecados lo hizo pensando en una completa absolución, ya que de otro modo nosotros tendríamos que pagar también por ellos. La escritura dice "justificados, pues, por la fe, tenemos paz para con Dios por medio de nuestro Señor Jesucristo" esto significa que nuestra comunión con Dios es una de paz no una de enemistad, ni enojo.

Muchos creen que cuando Dios justifica al pecador lo hace temporalmente, es decir, mientras no vuelva a cometer otros pecados. Pero este pensamiento no tiene base escritural ya que el sacrificio de Jesucristo fue completo, absoluto y dio total satisfacción a las demandas de la Ley.

Efectos de la justificación

Primer efecto: El perdón de nuestros pecados sobre la base de la obra expiatoria de Jesucristo

"El cual nos ha librado de la potestad de las tinieblas, y trasladado al reino de su amado Hijo, en quien tenemos redención por su sangre, el perdón de pecados".

—Col. 1:13-14

"En quien tenemos redención por su sangre, el perdón de pecados según las riquezas de su gracia".

—Ef. 1:7

Cuando Jesús murió en la cruz, Él pagó el precio y la deuda por todos y cada uno de nuestros pecados, los cometidos y los que íbamos a cometer. Adán tan solo cometió un solo pecado, y no fue de los peores, ya que por el solo hecho de desobedecer, comiendo del fruto prohibido, fue expulsado del Edén. Por esta razón Jesús murió por todos tus pecados, porque la paga del pecado es muerte. No importa el tamaño, cantidad o gravedad del pecado, para Dios cualquiera sea el pecado que cometa la persona, esta debe morir.

Segundo efecto: El título de hijo de Dios

"Pero cuando vino el cumplimiento del tiempo, Dios envió a su Hijo, nacido de mujer y nacido bajo la ley, para que redimiese a los que estaban bajo la ley, a fin de que recibiésemos la adopción de hijos. Y por cuanto sois hijos, Dios envió a vuestros corazones el Espíritu de su Hijo, el cual clama: !!Abba, Padre! Así que ya no eres esclavo, sino hijo; y si hijo, también heredero de Dios por medio de Cristo".

—Gal. 4:4-7

"Más a todos los que le recibieron, a los que creen en su nombre, les dio potestad de ser hechos hijos de Dios;

—Juan 1:12

A esto se le conoce como la doctrina de la adopción. La Adopción, según el derecho, es el acto jurídico por medio del cual una persona (adoptante) reconoce a otra como un hijo (adoptado) y le entrega todos los derechos filiales, es decir, vivir en el núcleo de una familia que le brinde el afecto y le procure todos los cuidados necesarios para satisfacer sus necesidades.

Cuando Dios nos justifica no solo perdona nuestros pecados, sino que también nos da el título de hijo. Pasamos a formar parte de la familia de Dios y al mismo tiempo tenemos acceso a todos los privilegios de hijo. La justificación es la restauración entera de una persona donde la calidad y estatus jurídico cambia radicalmente, a tal extremo que pasa a sentarse en los lugares celestiales juntamente con Cristo.

Tercer efecto: La vida eterna

"Y este es el testimonio: Que Dios nos ha dado vida eterna; y esta vida está en su Hijo. El que tiene al Hijo, tiene a la vida: el que no tiene al Hijo de Dios, no tiene la vida".

—1ra Juan 5:11-12

Dios tiene la intención de darnos a Su Hijo unigénito para que podamos recibir la vida eterna. Esta es la cima de la salvación de Dios. Dios no sólo está recobrando lo que perdimos en Adán; Él está concediéndonos lo que Adán nunca recibió.

En Cristo no solo tenemos la vida eterna, sino también todo lo que es dé ÉL. La vida eterna no es una actitud cronológica escatológica. La vida eterna es una calidad de vida, donde ahora la eternidad de Dios en Cristo vive dentro de nosotros para que seamos Su morada. Cuando somos adoptados como hijos de Dios inmediatamente somos investidos con todos los derechos filiales legales para convertimos en herederos de Dios y coherederos con Cristo.

Conclusión

El aspecto insensible de Dios va mucho más allá de simplemente falta de amor al pecador. La insensibilidad de Dios es la manera de como Él siendo un Juez justo trató con el pecado del ser humano basado en leyes y principios, y no en sentimientos. Dios es un padre amoroso que nos cuida y cada día nos muestra Su amor incondicional, pero aún el amor de Dios fue limitado por Su justicia.

El plan eterno de Dios no hubiera sido completado si primero no se hubiese efectuado la justificación del hombre por medio de la muerte de Jesús. Una dependía de la otra. Una vez que somos justificados en Él, a Dios no le queda otra alternativa y está comprometido a salvarnos por causa de Su justicia, no por obras, sino por la fe en Cristo.

Fue por medio de la justificación donde el hombre es puesto en una posición igual a Él, ya que ahora no somos vistos nosotros, sino Cristo en nosotros. La justificación no vino para salvarnos sino para posicionarnos.

La tragedia más grande que puede experimentar un creyente es vivir la vida siendo un cristiano preso de un sistema religioso y no habérsele revelado la justicia de Dios por medio de la fe en Cristo que lo hace libre de toda culpa y condenación.

Estoy seguro de que cuando la Iglesia de Cristo comience a caminar bajo la revelación pasará de ser una Iglesia débil, enferma y mística para convertirse en una Iglesia generacionalmente fuerte donde el Reino de Dios será expresado en toda la Tierra.

Principios del capítulo

1. La justicia de Dios es Cristo mismo y no simplemente un atributo divino.

2. La justicia de Dios es todo aquello que es Dios mismo en relación a Su equidad y rectitud.

3. El amor de Dios está limitado por Su justicia.

4. Para Dios es fácil salvar al hombre, pero no es tan fácil salvar al hombre en una manera justa.

5. El amor es un hecho, el pecado también, pero la justicia es una necesidad.

6. A Dios no le quedó otra alternativa que perdonarnos por causa de la justicia.

7. Fue el amor lo que llevó al Hijo a la cruz, pero fue la justicia la que hizo que Dios perdonara nuestros pecados.

8. Somos tan justos y rectos como Dios mismo.

9. La justificación es más poderosa que el perdón de pecados, porque el perdón de pecados es la cancelación de la deuda en nuestra contra, mientras que la justificación por medio de la fe en Cristo nos hace ser la justicia misma de Dios.

10. Contrario a la regeneración y santificación que son procesos que ocurren y se van desarrollando progresivamente en la vida de los Santos, la justificación en un acto que ocurre fuera de nosotros.

11. La justicia imputada de Dios es la base de la justificación y el único medio para poder alcanzarla es por la fe en Cristo Jesús.

12. Cuando Jesús murió en la cruz, Él pagó el precio y la deuda por todos y cada uno de nuestros pecados, los cometidos y los que íbamos a cometer.

13. La justificación no vino para salvarnos sino para posicionarnos.

14. Dios tiene la intención de darnos a Su Hijo unigénito para que podamos recibir la vida eterna.

15. La vida eterna no es una actitud cronológica escatológica. La vida eterna es una calidad de vida, donde ahora la eternidad de Dios en Cristo vive dentro de nosotros para que seamos Su morada.

Capítulo 5

LA VERDAD QUE LA BIBLIA NO DIJO

La sabiduría de Dios comunica Su verdad eterna espiritualmente en forma de persona, Cristo. Por lo tanto, un hombre es verdaderamente sabio y ha alcanzado madurez espiritual cuando le conoce plenamente a Él. Es por esta razón que ser sensible *(compatible)* al Espíritu Santo pasa por mucho más de ser solo una experiencia sensorial almática de "culto" a una acción totalmente espiritual en nuestro espíritu para luego ser manifestada al mundo natural por alguna expresión del alma o don.

La vida en Dios no se trata de cuantas veces caigamos al suelo y lloremos en un "culto" *(manifestación),* sino cuanto de Cristo fue impartido en nuestro espíritu *(naturaleza)* lo que marcará la diferencia.

CONCEPTOS Y REALIDADES

El Sentir

El sentir muchas veces es engañoso porque es estimulado, controlado y producido por nuestros sentidos naturales (*alma*) y será la cortina de humo que nos mantendrá ciegos para acceder a la verdadera revelación de Dios; siendo éste el estándar religioso que hemos adoptado como "iglesia" por casi veinte siglos sin poder ver los resultados reales, tangibles y verdaderos que expresan la vida misma de un Cristo corporativo la cual todos fuimos llamados a expresar.

El sentir pertenece al plano de lo material pero no trasciende a la dimensión de lo espiritual porque el sentir solo es el reflejo de la vida que nos habita no la vida en sí misma.

El sentir es regido y obedece a los deseos del alma y a todas sus expresiones o manifestaciones en el mundo de lo natural. Un alma predecible, cíclica y voraz que cada día tendremos que alimentar para saciar sus deseos.

Uno de los tantos ejemplos que podríamos encontrar en la Biblia que nos enseña que la vida en Dios no es un asunto de ver o sentir es la historia del ciego Bartimeo. Aún siendo una persona que vivió en el antiguo pacto no necesitó de una experiencia externa como ver o sentir para recibir un milagro, ya que éste operó en el ámbito de lo espiritual y no lo natural.

"Entonces vinieron a Jericó; y al salir de Jericó él y sus discípulos y una gran multitud, Bartimeo el ciego, hijo de Timeo, estaba sentado junto al camino mendigando. Y oyendo que era Jesús nazareno, comenzó a dar voces y a decir: !!Jesús, Hijo de David, ¡ten misericordia de mí! Y muchos le reprendían para que callase, pero él clamaba mucho más: !Hijo de David, ¡ten misericordia de mí!

Entonces Jesús, deteniéndose, mandó llamarle; y llamaron al ciego, diciéndole: Ten confianza; levántate, te llama. El entonces, arrojando su capa, se levantó y vino a Jesús. Respondiendo Jesús, le dijo: ¿Qué quieres que te haga? Y el ciego le dijo: Maestro, que recobre la vista. Y Jesús le dijo: Vete, tu fe te ha salvado. Y en seguida recobró la vista, y seguía a Jesús en el camino".

—Mar. 10:46-52

En este relato podemos ver que la fe del ciego Bartimeo pudo trascender del plano de lo material a la dimensión de lo espiritual, no por lo que *sintió*, sino porque *supo* que su milagro pasaba por allí.

Como Iglesia hemos adoptado toda clase de formas, maneras y estilos para ministrar a Dios. Hoy día muchas de las llamadas "iglesias" o centros de reuniones se han convertido en grandes hospitales y clubes sociales en donde solo buscamos suplir nuestra necesidad de consumo personal restándole importancia a la verdadera razón de nuestra existencia en los asuntos relacionados al plan eterno de Dios.

La salvación

Aunque el enfoque principal del propósito eterno de Dios no se concentra en salvar almas para un día llevarlas al cielo sino en la edificación de Su Iglesia formada por hijos maduros capaces de expresarle a Él, hay un aspecto muy importante acerca de la salvación que no podemos pasar por alto.

El mensaje de la *salvación* no es el mensaje evangelístico de un culto, ni se consuma en el preciso momento que levantamos las manos para aceptarle como nuestro Señor y salvador. El mensaje de la salvación es mucho más violento y profundo que este simple acto inicial donde confesar nuestros pecados solo será el inicio de todo un proceso de una salvación constante.

El mensaje de la salvación es el entendimiento pleno y completo de lo que Jesús consumó en la cruz. Comenzando con Su muerte, sepultura, resurrección, ascensión y entronización. En el evangelio existe una salvación que *se obtiene* (la más que se nos ha enseñado), una que *se revela* y otra que *se alcanza*.

La palabra *salvación* tiene todos los tiempos verbales y todos los tiempos eternos de Dios. La salvación es algo que *tienes*, es algo que *descubres* y el algo que *serás*. Mientras no entendamos esta realidad nunca veremos la magnitud de esta gran verdad y solo nos enfocaremos en la que se *obtiene*.

La salvación que se alcanza en el proceso de madurez para ahora *ser* igual a Él es el producto de la naturaleza y vida misma de Dios impartida en nosotros a través de Su Espíritu en nuestro espíritu. Ésta salvación ya no es producida por algún esfuerzo humano sino que es la obra misma del Espíritu Santo en nosotros. La salvación no persigue un cambio de hábito sino un cambio de hábitat. La salvación no tiene como fin en salvar almas para llevarlas algún día al cielo sino establecer Su reino de manera efectiva aquí en la Tierra.

Si como Iglesia de Cristo comenzáramos a darle un mayor grado de importancia y valor a este aspecto de la salvación producto de una naturaleza impartida en nosotros y que solo es alcanzada por madurez, como cuerpo de Cristo tendríamos un mayor grado de exactitud en los asuntos relacionados al Reino de Dios.

Lamentablemente hemos adoptado y consumido más la salvación tipo "Hollywood" que nos presenta a un Jesús que su mayor objetivo es salvarnos de algún tipo de condenación eterna y como Iglesia nos hemos desenfocado del verdadero plan eterno de Dios que es reconciliar todas las cosas en Él, donde ahora vemos a ciento de miles de personas frustradas alrededor de todo el mundo.

El Evangelio

El evangelio es de aquellas cosas que no podemos encapsular en frases, "slogan" y conceptos humanos. Porque el evangelio no es lo que nos pasa a nosotros en forma de beneficio personal, sino algo que le pasó a Jesús en la Cruz del Calvario y se manifestó en forma visible al mundo.

Nosotros como la Iglesia de Cristo aquí en la Tierra somos un organismo vivo y no una organización eclesiástica religiosa. En otras palabras, todos nuestros diplomas o grados teológicos o nuestros institutos bíblicos no son el evangelio. Nuestro milagro no es el evangelio. Mi éxito personal o ministerial tampoco es el evangelio. Nuestra familia perfecta mucho menos lo es. Mi salvación no es el evangelio, incluso la Biblia no es el evangelio.

Estos son algunos de los tantos argumentos y propuestas que erróneamente le hemos vendido al mundo como el evangelio de Cristo creando así una Iglesia débil, dependiente, mística, emocional y con falencia de algo a la que más tarde degradaremos y le daremos forma de culto o de rito religioso, pero lejos de toda verdad y entendimiento claro y maduro de lo que realmente es el evangelio de Cristo.

Con nuestro milagro podríamos hablarles a otros del poder de Dios, con nuestros éxitos personales podríamos decirle al mundo que Dios está a nuestro cuidado supliendo cada una de nuestras necesidades y con una familia en orden podríamos demostrarle al mundo que Dios está en control de la nuestra.

La Biblia dice; *"Pero también digo: Entre tanto que el heredero es niño, en nada difiere del esclavo, aunque es señor de todo;"*

—Gal. 4:1

La multiplicidad del evangelio no se puede medir por nadie o nada. Nuestra mente natural no da la medida para hacerlo porque el evangelio es un ámbito del espíritu, ya que el evangelio de Dios es la misma persona de Cristo.

Recuerde siempre, que en la vida del Cuerpo de Cristo; *"el ojo llegará tan lejos como el pie lo pueda llevar.* Lo demás, es religión y no reino. Parece, pero no es. Emociona, pero retrasa. Hacemos, pero no somos. Comemos, pero no saciamos. Salimos, pero no llegamos. Participamos, pero no vivimos. Posicionamos, pero no gobernamos. Caminamos, pero no nos movemos. Envejecemos, pero no maduramos. Todo esto como resultado de un evangelio lisiado producto del intento humano manipulativo, muchas veces donde el papel principal y los protagonistas de esta gran obra de la vida seremos nosotros mismos.

El Evangelio es Cristo mismo

El evangelio no pertenece al mundo de los conceptos, dogmas y sentidos humanos naturales, porque el evangelio es una naturaleza o ámbito espiritual en Dios mismo. El evangelio es una palabra viva; es la misma persona de Cristo impartida dentro de nosotros por medio de la fe dada por Dios a nuestro espíritu.

El evangelio de Dios es una buena noticia. Por lo tanto, creer que el evangelio es solo para sanar enfermos y recibir milagros denota muy poca revelación del mimo y estaríamos reduciéndole a un asunto de consumo personal.

La Biblia nos muestra que la nación de Israel en su peregrinaje en el desierto experimentó toda clase de manifestación, señales y poder de Dios, sin embargo, ninguno pudo agradar a Dios. El mensaje es claro; ninguna persona es transformada por experimentar un milagro y señales si primero no ocurre una transformación en su espíritu.

Predicar de un evangelio que solucionará todos nuestros problemas nos resultaría una frase muy popular y poderosa. Sin embargo, tiene un problema potencial; si el problema es resuelto ya no necesitaríamos más de este evangelio; pero si no se resolviera, entonces podríamos pensar que este evangelio no funciona. El evangelio de Cristo no le ofrece nada a nuestra humanidad, pero le ofrece todo a nuestro espíritu.

El evangelio es el anuncio que Jesús es el Cristo, el hijo de Dios, quien murió en la cruz para sacarnos del reino de muerte en el que estábamos y trasladarnos al reino de Su vida; del reino de las tinieblas al reino de la luz. *"El cual nos ha librado de la potestad de las tinieblas, y trasladado al reino de su amado Hijo"*.

—Col. 1:13

Adoración

Por años hemos creído que la adoración solo es música, instrumentos, voces o canciones ungidas y hemos adoptado formas e ideas para adorar a Dios. Pero todas esas cosas son solo algunos de los medios por los cuales los hijos de Dios expresamos nuestro agradecimiento y reverencia a Él no adoración en sí misma.

En el antiguo Pacto la adoración giró alrededor del templo ya que todos sabían que allí estaba la presencia de Dios y quien venía a adorar a Dios debía santificarse para reconocer que estaba en la presencia de Dios. En el viejo pacto toda la adoración estaba basada en ritos, sacrificios e intermediarios era una adoración conformada en cosas externas y en una relación entre dos personas. En el Nuevo Pacto ya no tenemos una *relación* con Dios, sino una *comunión* con Cristo porque ahora Él y nosotros somos uno.

Adoración según la Biblia

"Y dirás a Faraón: Jehová ha dicho así: Israel es mi hijo, mi
primogénito. Ya te he dicho que dejes ir a mi hijo, para que me **sirva**, *más no has querido dejarlo ir; he aquí yo voy a matar a tu hijo, tu primogénito"*.

—Ex. 4:22-23

"Y dile: Jehová el Dios de los hebreos me ha enviado a ti,
diciendo: Deja ir a mi pueblo, para que me **sirva** *en el desierto; y he aquí*
que hasta ahora no has querido oír".

—Ex. 7:16

La historia

El pueblo de Israel como nación había estado 430 años bajo el yugo del Faraón en Egipto. Dios le dice a Faraón por medio de Moisés que dejará ir a Su pueblo al desierto, a Su hijo, Su primogénito, tres millones de personas para que le *sirvieran.*

Todos sabemos que en un desierto hay muy pocas cosas para hacer. Si nosotros estamos buscando a alguien para que nos sirva el último lugar que pensaríamos sería llevarlo a un desierto. En un desierto da lo mismo que seamos un pintor, mecánico, albañil o ingeniero de la nasa. En un desierto de nada nos sirven los títulos y todo lo que sepamos hacer. En un desierto dependemos absolutamente de Dios.

Entonces, ¿Qué es lo que Dios recibe como adoración y qué no? ¿Qué de todo lo que hacemos para Dios es adoración y qué no lo es?

Qué dice la Biblia

"Porque nosotros somos la circuncisión, los que en espíritu **servimos** *a Dios y nos gloriamos en Cristo Jesús, no teniendo confianza en la carne".*

—Filip. 3:3-11

En otra versión dice

"Porque la circuncisión somos nosotros, los que por medio del Espíritu de Dios **adoramos,** *nos enorgullecemos en Cristo Jesús y no ponemos nuestra confianza en esfuerzos humanos".*

—Filip. 3:3-11 (NVI)

Adoración en el Nuevo Pacto

Luego del sacrificio de Jesús en la cruz vino un Nuevo Pacto en el cual vivimos hoy, vino una nueva naturaleza por la cual operamos, vino una nueva identidad que nos hizo ser hijos de Dios, vino una nueva morada para el Espíritu Santo que somos nosotros y que nos hace ser uno en Él.

En el Nuevo Pacto contrario al viejo pacto la adoración es una expresión de la naturaleza que vive en nosotros, por medio de la cual expresamos la sustancia misma de la vida de Cristo en nosotros y el propósito eterno de Dios en todos los sistemas de la creación.

En el Nuevo Pacto lo único que Dios recibe como adoración es todo aquello que está reconciliado con la naturaleza de Su Hijo y todo lo que está conectado al propósito eterno de Dios.

En el Nuevo Pacto la adoración no es *ambiental* sino *intrínseca.* Es decir, podríamos ser un buen cantante o un buen músico y saber seleccionar la mejor canción del mundo y aun así no ser un adorador. La Adoración es la expresión de la naturaleza divina por la gracia de Dios a través del hombre.

En el viejo pacto eran los sacerdotes los encargados de servirle la ofrenda a Dios y al pueblo, y el elemento para servirle ambos era el cordero. Pero en el Nuevo Pacto contrario al viejo, tenemos un doble servicio, servirle a Dios y servirles a las personas. Significa que tanto para servirle a Dios como para servirle a los hombres el único elemento es el cordero. Si no tenemos el cordero no le podemos servir ni al hombre ni a Dios. Lo único de valor que tenemos para darles a las personas es a Cristo, el cordero de Dios.

En el Nuevo Pacto tanto adoración como servicio son sinónimos. Entonces es correcto si adoramos y es correcto si servimos. Para Dios cuando usted adora está sirviendo y cuando sirves estás adorando. Adoramos a Dios con nuestro servicio de la misma forma que adoran los que sirven con música.

*"Respondiendo Jesús, le dijo: Vete de mí, Satanás, porque escrito está: Al Señor tu Dios **adorarás**, y a él solo **servirás**".*

—Lu. 4:8

¡Ambas acciones son la misma cosa!

Resumen

Adoración es mucho más que música. Adoración tiene que ver con servicio. La adoración en el Nuevo Pacto se enfoca en el *ser* y no en el *hacer*.

La Adoración es la expresión de una naturaleza divina algo que muy poco se nos reveló y que más tarde el hombre rebajó con canciones, formas, maneras y cultos llamándole adoración.

Nuestra tarea

La tarea apostólica de la Iglesia es presentarle al Padre un organismo vivo que es el nuevo hombre, que es la suma de todas las nuevas criaturas alrededor del mundo con el fin de expresar una imagen, la imagen misma de Cristo. Y para lograrlo, a la Iglesia se les fue dada como herramientas de edificación un ministerio compuesto de cinco diferentes gracias tales como apóstoles, profetas, evangelista, pastores y maestros con el único fin de perfeccionar a los Santos para la obra de la edificación del cuerpo de Cristo en la toda la Tierra.

"Y él mismo constituyó a unos, apóstoles; a otros, profetas; a otros, evangelistas; a otros, pastores y maestros, a fin de perfeccionar a los santos para la obra del ministerio, para la edificación del cuerpo de Cristo, hasta que todos lleguemos a la unidad de la fe y del conocimiento del Hijo de Dios, a un varón perfecto, a la medida de la estatura de la plenitud de Cristo";

—Ef. 4:11-13

En el Nuevo Pacto el evangelio se enfoca en el ser y no en el hacer porque la meta final es engendrar un ser espiritual y no producir un hacer religioso.

Conclusión

*"Jesús le dijo: Yo soy el camino, y **la verdad**, y la vida; nadie viene al Padre, sino por mí".*

—Juan 14:6

Cristo es la única verdad. La verdad de Dios es *absoluta* en cambio nuestros conceptos acerca de la verdad son *relativos.* La Iglesia de Dios está fundamentada en Cristo como verdad, no en otra. La Biblia fuera de la verdad de Cristo es solo letra muerta, pero nunca la vida misma de Él impartida en nosotros. La Biblia no se lee, se vive. No es la letra, sino el espíritu de esta, no es lo que hacemos sino lo que somos.

La verdad que la Biblia no dijo no es algo que faltó por escribirse en la Biblia, por el contrario, es todo aquello que decimos, afirmamos, creemos y hacemos, donde Cristo no es el fundamento de edificación o piedra angular. Son todas nuestras percepciones, verdades e interpretaciones humanas fuera de Él, donde la Iglesia hoy día ha adoptado y fundamentado todas sus creencias, fe y liturgias eclesiásticas dándole mayor importancia a lo que hacemos para Él, que a lo que somos en Él.

Oremos a Dios para que nos sean abiertos nuestros ojos del entendimiento y revelación, para que nuestra manera de relacionarnos con los demás Santos sea solo regida y medida en la verdad de Cristo y no por nuestras percepciones muchas veces disfrazadas de falsa humildad e hipocresía evangélica para tarde o temprano convertirse en aquella *"verdad que la biblia no dijo".*

Principios del capítulo

1. Un hombre es verdaderamente sabio y ha alcanzado madurez espiritual cuando le conoce plenamente a Él.

2. El sentir pertenece al plano de lo material pero no trasciende a la dimensión de lo espiritual porque el sentir solo es el reflejo de la vida que nos habita no la vida en sí misma.

3. El mensaje de la salvación es el entendimiento pleno y completo de lo que Jesús consumó en la cruz.

4. La salvación es algo que tienes, es algo que descubres y el algo que serás.

5. La salvación no persigue un cambio de hábito sino un cambio de hábitat

6. La salvación no tiene como fin el salvar almas para llevarlas al cielo sino convertirnos en Cristo mismo para establecer Su reino aquí en la Tierra.

7. El evangelio no es lo que nos pasa a nosotros en forma de beneficio personal, sino algo que le pasó a Jesús en la Cruz del Calvario y se manifestó en forma visible al mundo.

8. El evangelio no pertenece al mundo de los conceptos, dogmas y sentidos humanos naturales, porque el evangelio es una naturaleza o ámbito espiritual en Dios mismo.

9. El evangelio de Cristo crucificado no le ofrece nada a nuestra humanidad, pero le ofrece todo a nuestro espíritu.

10. En el Nuevo Pacto ya no tenemos una relación con Dios sino una comunión con Cristo porque ahora Él y nosotros somos uno.

11. En el Nuevo Pacto lo único que Dios recibe como adoración es todo aquello que está reconciliado con la naturaleza de Su Hijo y todo lo que está conectado al propósito eterno de Dios.

12. En Nuevo Pacto la adoración no es ambiental sino intrínseca.

13. La Adoración es la expresión de la naturaleza divina, por la gracia de Dios a través del hombre.

14. Adoramos a Dios con nuestro servicio de la misma forma que adoran los que sirven con música.

15. La adoración en el Nuevo Pacto se enfoca en el ser y no en el hacer.

16. En el Nuevo Pacto el evangelio se enfoca en el ser y no en el hacer porque la meta final es engendrar un ser espiritual y no producir un hacer religioso.

Capítulo 6

SOLO
CRISTO

Todo lo que Dios es y todo lo que Él tiene en Sí mismo se encuentra en Cristo. Todas las riquezas de la Deidad, toda Su naturaleza divina y toda Su plenitud están en Cristo.

Todo el universo y lo creado es cohesionado y se conserva unido en Cristo. Todo lo creado fue en Él y para Él. Cristo es la imagen visible de un Dios invisible y aquel en quien habita toda la plenitud de Dios. Lo que no podemos entender de Dios, podemos entenderlo en Cristo.

"Porque en él fueron creadas todas las cosas, las que hay en los cielos y las que hay en la tierra, visibles e invisibles; sean tronos, sean dominios, sean principados, sean potestades; todo fue creado por medio de él y para él. Y él es antes de todas las cosas, y todas las cosas en él subsisten;

—Col. 1:16-17

Cristo no es de aquellas cosas que podríamos encapsular en líneas de pensamientos bíblicos, liturgias evangélicas, estructuras, formas, conceptos humanos o mensajes eclesiásticos. A Cristo mucho menos lo podríamos enmarcar en páginas de libros, sermones, reuniones de culto, etc. No existe concepto o razonamiento humano capaz de lograr esto. Cristo no es un tema, Cristo es una vida. Cristo no es la Biblia. Sencillamente Cristo no tiene explicación.

LA CENTRALIDAD Y UNIVERSALIDAD DE CRISTO

"Él es la imagen del Dios invisible, el primogénito de toda creación. Porque en Él fueron creadas todas las cosas, tanto en los cielos como en la tierra, visibles e invisibles; ya sean tronos o dominios o poderes o autoridades; todo ha sido creado por medio de Él y para Él. Y Él es antes de todas las cosas, y en Él todas las cosas permanecen. Él es también la cabeza del cuerpo que es la iglesia; y Él es el principio, el primogénito de entre los muertos, a fin de que Él tenga en toda la primacía. Porque agradó al Padre que en Él habitara toda la plenitud y por medio de Él reconciliar todas las cosas consigo, habiendo hecho la paz por medio de la sangre de su cruz, por medio de Él, repito, ya sean las que están en la tierra o las que están en los cielos".

—Col. 1:15-25

Cristo es la imagen del Dios invisible; en el propósito eterno de Dios, Cristo es la cabeza. En la creación de Dios, Cristo lo es todo y todas las cosas son para Cristo.

Todo lo que el Padre planeó y se propuso hacer está en el Hijo, es para el Hijo y se lleva a cabo por medio del Hijo. Todo lo que el Espíritu está haciendo es también para el Hijo.

Podemos saber quién es Dios porque Él se manifiesta en Cristo, con Cristo y por medio de Cristo. Sin Cristo nunca podríamos conocer lo que hay en Dios.

La Economía de Dios

La palabra *"economía"* en el griego significa *oikonomía*. Y se compone de dos vocablos: *óikos*, que significa *casa, familia* y *nómos*, que significa *ley*. La economía de Dios significa: una *"ley o administración familiar"*.

La economía de Dios es simplemente Su plan o administración de dispensarse a Sí mismo en la humanidad. Significa también el arreglo administrativo, el manejo gubernamental, o la mayordomía del plan de Dios, la cual tiene como fin dispensar o distribuir.

Las etapas de dispensación

Desde el Padre

"A Dios nadie le vio jamás; el unigénito Hijo, que está en el seno del Padre, él le ha dado a conocer."

—Juan 1:18

Dios el Padre es la fuente universal de todas las cosas. Él es invisible e inalcanzable. Si Dios fuera solamente Padre, sería inaccesible y no podría ser nunca dispensado en el hombre. Sin embargo, mediante el arreglo divino de Su economía, Él se puso a Sí mismo en Su Hijo a fin de hacerse disponible para el hombre. Toda la plenitud del Padre habita en el Hijo y se expresa mediante el Hijo.

En el Hijo

"Yo y el Padre uno somos".

—Juan 10:30

"Jesús le dijo: ¿tanto tiempo hace que estoy con vosotros, y no me has conocido Felipe? el que me ha visto a mí, ha visto al Padre" ...

—Juan 14:9

La segunda etapa para introducir a Dios en el hombre se lleva a cabo mediante Su Hijo. El Hijo era la divina forma corpórea de Dios, la divina esencia y naturaleza de Dios mismo en la tierra.

Su encarnación por medio de Jesús al mundo fue mezclar Su naturaleza divina con la naturaleza humana. No solo eso, Él introdujo a Dios en el hombre y mezcló la divinidad con humanidad.

Por el Espíritu

"Así también está escrito: fue hecho el primer hombre Adán alma viviente; el postrer Adán, espíritu vivificante"

—1ra Cor. 15:45

"Pero el hombre natural no percibe las cosas que son del Espíritu de Dios, porque para él son locura, y no las puede entender, porque se han de discernir espiritualmente".

—1ra Cor. 2:14

"Porque todos los que son guiados por el Espíritu de Dios, éstos son hijos de Dios".

—Rom. 8:14

El Padre se puso en el Hijo, ahora el Hijo ha sido puesto en el Espíritu.

Dios creó al hombre a Su imagen a fin de poder dispensarse a Sí mismo en el hombre, cosa que Adán no logró en Génesis cuando Cristo era representado por el árbol de la vida. Cristo en el Espíritu ahora puede entrar en nosotros y permitirnos estar en Él. Ahora Él y nosotros podemos estar en una unión insoluble.

Dios mediante Su economía ha logrado dispensarse en la vida del ser humano. Primero, Él es el Dios que está en los cielos; segundo, Él es el Dios que vino a la tierra a hacerse hombre; y tercero, Él es el Dios en el Espíritu Santo. Estos tres aspectos constituyen los tres pasos de la experiencia que tenemos de Dios.

EL JESÚS LIMITADO

Cuenta la historia que cuando los griegos escucharon que el ejército romano buscaba a Jesús para matarle, el rey de Grecia envió una comitiva para sacar a Jesús de Israel para así salvarle la vida, ya que la noticia de su pronto arresto se había divulgado por todos lados y su muerte era inminente.

Por eso es que cuando Andrés y Felipe le dicen a Jesús, "unos griegos te buscan", Jesús le dice una de las declaraciones más fuerte que usted puede encontrar en toda la escritura. Le dice lo siguiente: *De cierto, de cierto os digo, que si el grano de trigo no cae en la tierra y muere, queda solo; pero si muere, lleva mucho fruto".*

—Juan 12:24

Jesús mismo sabía que estaba limitado por un cuerpo y que su muerte era necesaria y que al igual que el grano de trigo tenía que caer a tierra para que su "cascara" muriera y de ahí pudiera salir una espiga (Cristo) para que hoy muchos granos pudieran ser traídos a la vida.

Ahora analicemos este otro aspecto. Todos sabemos que Jesús de Nazaret es Dios encarnado. En otras palabras, Él es Dios vestido con humanidad. Si Dios no se hubiera vestido con la carne, nunca hubiera podido consumar la redención.

Para Dios poder completar la redención del hombre a través de Jesús en la tierra, Él mismo se tuvo que atar a principios y condiciones que habían sido creadas para el hombre.

Cuando Dios se encarnó en Jesús se limitó en dos formas. Él se limitó en tiempo y espacio. Él fue atrapado por estos dos factores y condiciones. Es decir, el mismo Dios quedó atrapado en Sus propias leyes.

Jesús de Nazaret no podía estar en Belén y en Jerusalén al mismo tiempo. Es decir, si Él aparecía caminando por encima del agua en el mar de Galilea, no podía estar en Betania resucitando a Lázaro simultáneamente.

El Cristo, el unigénito Hijo de Dios fue encapsulado en Jesús. La gente no podía ver al Cristo porque había un velo, ese velo era Jesús de Nazaret.

En Su muerte en la cruz, Jesús no solo pagaba la deuda de nuestros pecados, sino que también se quitaba el cuerpo que lo limitaba y lo confinaba a un tiempo y un espacio. Para que hoy nosotros pudiéramos estar en Cristo y Cristo en nosotros era necesario que Él llegara a ser algo más que Jesús hombre. Él tenía que venir en otra forma.

El Cristo atrapado en la religión

Una revelación no es otra cosa que quitar un velo. Las tinieblas han utilizado la misma religión como herramienta con el fin de mantener al ser humano en un estado de ceguera espiritual.

La religión se ha enfocado en lo periférico, cosmético y en toda expresión externa del hombre pasando por alto la revelación interna plena de un Cristo revelado al espíritu. Se le ha dado más importancia a las formas, reglas, enseñanzas y ritos, con los cuales hemos implementado toda clase de hábitos y estructuras en la manera de servir y adorar a Dios.

Las enseñanzas de la religión siempre han sido en cómo calibrar el carácter de una persona y cómo mejorar su conducta, dándole más importancia al *hacer* que al *ser*. La tarea apostólica de la Iglesia es presentarle al Padre un organismo vivo conformado a la misma imagen de Su Hijo Cristo y no una organización religiosa de orden eclesiástico.

EL CRISTO QUE NO VIMOS

La obra consumada de la cruz tiene un aspecto mucho más elevado que simplemente la salvación del hombre como muchos hemos creído. La cruz fue el instrumento que Dios utilizó para cambiar de forma de un Jesús limitado a un cuerpo de carne a un Cristo que ahora mora en nuestro espíritu.

"De manera que nosotros de aquí en adelante a nadie conocemos según la carne; y aun si a Cristo conocimos según la carne, ya no lo conocemos así".

—2 da Cor. 5:16-18

El Cristo Subjetivo

"Para que habite Cristo por la fe en vuestros corazones, a fin de que, arraigados y cimentados en amor".

—Ef. 3:17

Todas las cosas que están fuera de nosotros son *objetivas*, mientras que las que están dentro de nosotros son *subjetivas*. Todas las verdades de las Escrituras tienen dos aspectos: un aspecto objetivo y un aspecto subjetivo.

A lo largo del tiempo hemos visto que la mayoría de las llamadas "iglesias" o centros de reuniones alrededor del mundo, su enfoque principal siempre ha sido un Cristo objetivo y no subjetivo. Solo basta con escuchar las canciones, enseñanzas y hasta sermones para darnos cuenta de esta realidad. Se predica y se canta más de un Jesús de afuera que de un Cristo de adentro.

Utilizaré la siguiente analogía como ilustración para poder entender mejor el concepto.

Mientras que una manzana esté en su mano, ella es algo objetivo y no tiene nada que ver con usted. Tal vez usted sienta algún aprecio por la manzana, aun así, seguirá siendo una realidad objetiva y será ajena a usted porque no está dentro de usted. La manzana, como algo objetivo tiene que convertirse en algo subjetivo, es decir, usted tiene que tomarla y comérsela. Entonces la manzana pasará de ser una experiencia exterior objetiva y se convertirá en una experiencia interior subjetiva.

Si el Cristo que conocemos únicamente está sentado en lugares celestiales de una manera objetiva y no vive *en* nosotros de una manera subjetiva, ese Cristo no tendrá nada que ver subjetivamente con nosotros.

Si Cristo solamente es una persona objetiva, tal vez sea nuestro Dios todopoderoso, salvador, proveedor, sanador, etc, pero nunca podrá ser nuestra vida y fuerza interna subjetiva.

En el sentido objetivo, la mayoría de los cristianos tenemos toda la riqueza de Cristo. Todo lo que hay en Cristo es nuestro. Sin embargo, en el sentido subjetivo, es posible que vivamos vidas miserables y en necesidad.

Aprendamos a experimentar y a disfrutar a Cristo en el aspecto subjetivo y no solo conocerle objetivamente. Cristo más que ser una persona objetiva lejos de nosotros, es nuestra vida subjetiva viviendo dentro de nosotros.

Cristo nuestra morada

"En la casa de mi Padre muchas moradas hay; si así no fuera, yo os lo hubiera dicho; voy, pues, a preparar lugar para vosotros. Y si me fuere y os preparare lugar, vendré otra vez, y os tomaré a mí mismo, para que donde yo estoy, vosotros también estéis.".

—Juan 14:2-3

Cristo no sólo está siendo formado en nosotros, sino que también mora en nosotros.

En Su muerte y Su resurrección, Él se introduce en nosotros y nosotros en Sí mismo y en el Padre. *"En aquel día vosotros conoceréis que yo estoy en mi Padre, y vosotros en mí, y yo en vosotros"*.

—Juan 14:20

¡Es decir, Él llegó a ser nuestra morada y nosotros la Suya! Decir que la casa del Padre es el cielo no concuerda con la revelación bíblica. La casa del Padre es la suma total de todas las moradas que conforman el nuevo hombre.

La casa del Padre son todas las nuevas criaturas que forman la Iglesia como cuerpo orgánico de Cristo. La casa del Padre es en realidad una morada mutua, una mezcla del Dios con nosotros en el espíritu. Él morando en nosotros y nosotros morando Él.

El Señor Jesús murió y resucitó con el fin de poder introducirnos en el Padre e introducir al Padre en nosotros, realizando así la mezcla universal del Dios con la humanidad. Esta mezcla es la casa del Padre.

Mientras muchos cristianos anhelan ir al cielo como si fuese su hogar, Cristo anhela venir a ellos y tomarles como Su hogar. Así que mientras nosotros queremos ir allá, Él quiere venir acá. Nosotros queremos obtener los cielos, pero Él quiere obtenernos a nosotros.

Cristo, la vida y disfrute de los Santos

Cristo llega a ser nuestra vida para cumplir el plan de Dios. Dios tiene una voluntad eterna y conforme a ella trazó un plan. Su plan consiste en que todos y cada uno de nosotros podamos expresarle a Él y para esto es necesario que Dios entre en el hombre y sea su vida.

Dios creó al hombre a Su imagen y conforme a Su semejanza. La intención original de Dios es que el hombre fuera Su expresión en la tierra. Según la Biblia, el hombre es una "fotografía" de Dios, creado a imagen y semejanza de Dios.

Comer a Cristo

"Como me envió el Padre viviente, y yo vivo por el Padre, asimismo el que me come, él también vivirá por mí. Este es el pan que descendió del cielo; no como vuestros padres comieron el maná, y murieron; el que come de este pan, vivirá eternamente".

—Juan 6:56-57

Nuestra vida en Dios se basa en una vida interior, no en un estándar exterior de lo correcto e incorrecto; nuestro principio de vida es interior.

Todos los estudiosos de la Biblia reconocen que hay un principio básico en la Biblia. Cuando la Biblia menciona algo por primera vez establece un principio rector y un significado inmutable de ese tema en su desarrollo posterior.

La primera ocasión que la Biblia nos habla de la relación que Dios tiene con el hombre, Dios se presenta al hombre en forma de *alimento*. Esto nos muestra que Dios desea que el hombre le disfrute.

Después que Dios creó al hombre, lo puso frente al árbol de la vida para que el hombre disfrutara del fruto de ese árbol. El árbol de la vida representa a Dios mismo. Para nosotros no es suficiente conocer a Dios solo como el Señor soberano que hace milagros y señales externas, sino que también Él es nuestra comida que entrará en nosotros para ser nuestro disfrute.

No es suficiente que conozcamos a Dios solo como el Padre creador. Necesitamos mejor conocerle como el Padre creador que ha llegado a ser nuestro alimento y nuestro sustento diario.

Conclusión

La clase de vida determina la clase de expresión. Esto es una ley. No podemos cambiarla. El modo de vivir está determinado por la vida que poseemos. La vida no tiene nada que ver con el aprendizaje ni la imitación. Si las vidas son diferentes no es posible cambiar de la una a la otra. La única posibilidad que tenemos es un cambio de vida. Si cambiamos la vida la expresión de esta también cambiará. Si la vida permanece igual es imposible alterar la expresión.

Si comparamos la vida de un pez con la de un pájaro rápidamente podríamos ver que, aunque ambos tienen vida las expresiones de sus vidas individuales son diferentes. Un pájaro sólo puede volar; no puede nadar. Es imposible para el pájaro nadar, aunque se le trate de enseñar. De la misma manera, no hay forma alguna de que usted pueda enseñarle a un pez a volar.

La vida del hombre es la vida creada más elevada que existe. Dios creó al hombre de una manera muy especial. En primer lugar, Dios creó al hombre igual que Él a fin de que el hombre tuviera Su imagen. En segundo lugar, lo creó con un espíritu que sirviera de recipiente portamos Su misma semejanza y naturaleza.

Por tanto, cuando observamos al hombre vemos por una parte que tiene la imagen de Dios y por otra que tiene un espíritu en su interior, cuyo único propósito es recibir a Dios. El hombre fue hecho según el género divino, con la habilidad y capacidad de recibir otra vida, la vida divina.

Y para cerrar con este capítulo que enmarca la idea principal y fundamental de todo nuestro viaje por las páginas de este libro, recordemos siempre que Cristo en nosotros *no* es la razón para una mejor vida; ***Cristo en nosotros es la razón de la vida misma.***

Principios del capítulo

1. Cristo no es un tema, Cristo es una vida. Cristo no es la Biblia. Sencillamente Cristo no tiene explicación.

2. Podemos saber quién es Dios porque Él se manifiesta en Cristo, con Cristo y por medio de Cristo. Sin Cristo nunca podríamos conocer lo que hay en Dios.

3. La economía de Dios es simplemente Su plan o administración de dispensarse a Sí mismo en la humanidad.

4. Su encarnación por medio de Jesús al mundo fue mezclar Su naturaleza divina con la naturaleza humana. No solo eso, Él introdujo a Dios en el hombre y mezcló la divinidad con humanidad.

5. Cristo en el Espíritu ahora puede entrar en nosotros y permitirnos estar en Él. Ahora Él y nosotros podemos estar en una unión insoluble.

6. Cuando Dios se encarnó en Jesús se limitó en dos formas. Él se limitó en tiempo y espacio.

7. En Su muerte en la cruz, Jesús no solo pagaba la deuda de nuestros pecados, sino que también se quitaba el cuerpo que lo limitaba y lo confinaba a un tiempo y un espacio.

8. La religión se ha enfocado en lo periférico, cosmético y en toda expresión externa del hombre pasando por alto la revelación interna plena de un Cristo revelado al espíritu.

9. Las enseñanzas de la religión siempre han sido en cómo calibrar el carácter de una persona y cómo mejorar su conducta, dándole más importancia al hacer que al ser.

10. Si Cristo solamente es una persona objetiva, tal vez sea nuestro Dios todopoderoso, salvador, proveedor y sanador, pero nunca podrá ser nuestra vida y fuerza interna subjetiva.

11. Cristo más que ser una persona objetiva lejos de nosotros, es nuestra vida subjetiva viviendo dentro de nosotros.

12. Cristo no sólo está siendo formado en nosotros, sino que también mora en nosotros.

13. La casa del Padre es en realidad una morada mutua, una mezcla del Dios con nosotros en el espíritu.

14. La intención original de Dios es que el hombre fuera Su expresión en la tierra.

15. Cuando la Biblia menciona algo por primera vez establece un principio rector y un significado inmutable de ese tema en su desarrollo posterior.

16. No es suficiente que conozcamos a Dios solo como un gran profeta y creador. Necesitamos mejor conocerle como el creador soberano que ha llegado a ser nuestro alimento y nuestra comida.

EPÍLOGO

Espero que a través de cada capítulo de este libro el Espíritu Santo le haya revelado el Reino de Dios. Nuestro mayor anhelo cada día debe ser que Cristo sea incrementado en nuestro ser y podamos manifestarlo al mundo.

Mi pasión es que cada creyente y cada persona que acepte a Jesucristo como su único y exclusivo Salvador, al igual que a mí, le sean revelados los códigos y principios que rigen nuestra nueva naturaleza y la vida que se nos fue impartida por medio de la Cruz.

Si desea compartir algún testimonio o experiencia que haya tenido en su recorrido por las páginas de este libro puede escribirnos a: williamtd@gmail.com

SEGUNDA PARTE
Guía de estudio

Capítulo 1
EL GÉNESIS REVISADO

1. Un conjunto de varias traducciones culturales que unidas entre sí formaron parte de lo que hoy conocemos como el libro del Génesis en su traducción escrita son:

    a.

    b.

    c.

    d.

2. El hombre primeramente fue _____ en la eternidad pasada de Dios, para luego ser _____ en Génesis y finalmente ser _____ en un huerto en Edén. Tres dimensiones distintas de un mismo hombre y de una misma realidad.

3. La palabra Adán *no* es *varón*. Adán significa _____. El primer _____ o ser viviente formado en la Tierra. Adán es un *varón* y una *hembra* al mismo tiempo. La suma de un hombre ISH y un hombre ISHA.

4. Explique en qué consiste la ley de la primera mención.

5. Explique en qué consiste la ley de la primera mezcla.

6. Existen al menos tres teorías que hablan acerca de "la caída" del hombre en el pecado; explique cuáles son y en qué consisten cada una de ellas.

    a.

    b.

    c.

7. Explique en qué consiste la ley de la segunda mezcla.

8. En el Nueva Pacto según el Apóstol Pablo, Eva ya no es una mujer, sino que ahora Eva es comparada con _____.

Capítulo 2

LO SANTO
DE MIS
PECADOS

1. En la Biblia los pecados están relacionados con nuestra
   _____, mientras que el pecado, está relacionado con
   nuestra _____.

2. Los pecados son perdonados, no el pecado, de éstos
   tenemos que ser _____.

3. Realidades que debemos conocer:

   a. El pecado está en la _____ del hombre; los
      pecados están en la _____ del hombre.

   b. El pecado es lo que somos; los pecados son lo que
      _____.

   c. El pecado es una ley en nuestros miembros; los
      pecados las _____ que cometemos.

   d. Del pecado debemos ser _____; de los pecados,
      _____.

   e. El pecado está relacionado a la _____; los
      pecados están relacionados a la _____.

4. El primer pecado del hombre del antiguo testamento fue la _____ y por ende la desobediencia.

Capítulo 3
EL LADO OSCURO DE LA CRUZ

1. El plan de Dios nunca fue *salvar* almas en su forma más primaria sino tener _____ por medio de su espíritu en Cristo.

2. El que salió de Egipto no fue el pueblo de Israel, fue _____, el primogénito de entre los muertos, la expresión de un pueblo en el viejo pacto.

3. La _____ de Dios es el ámbito o dimensión operacional que envuelve todos los acontecimientos que involucran nuestra vida espiritual en Cristo.

4. La meta más elevada que Dios tuvo al salvar al hombre fue _____ Su vida en Él.

5. El evangelio de Jesucristo es una _____, ante la cual nos podemos exponer todos los días.

6. Jesús fue a la cruz, porque en la cruz, Él *no* perdonó nuestros pecados; en la Cruz Él pagó el _____ y la _____ por todos y cada uno de ellos.

7. El perdón de pecados es para los que han sido _____ por Su sangre y que ahora buscan vivir en la justicia de Dios en la Tierra.

8. Para el mundo nuestros pecados son una vergüenza, pero para Dios son una ofrenda, ya que Él no recibe el olor de nuestros pecados, él recibe el _____ de Cristo.

Capítulo 4
LA INSENSIBILIDAD DE DIOS

1. ¿Qué es y en qué consiste la justificación de Dios?

2. El amor de Dios es Su naturaleza, la santidad y la Gracia Su disposición. Sin embargo, _____ es Su procedimiento, Su método, la manera en que Él hace las cosas.

3. La _____ es el único medio por el cual podemos alcanzar la justicia de Dios.

4. El perdón de pecados es la cancelación de la deuda en nuestra contra, mientras que la _____ por medio de la fe en Cristo nos hace ser la _____ misma de Dios.

5. ¿Cuáles son las tres cualidades de la justificación de Dios y su significado?

    a.

    b.

    c.

Capítulo 5
LA VERDAD QUE LA BIBLIA NO DIJO

1. El sentir muchas veces es engañoso porque es estimulado, controlado y producido por nuestros _____.

2. La palabra *salvación* tiene todos los tiempos verbales y todos los tiempos eternos de Dios. La salvación es algo que _____, es algo que _____ y es algo que _____.

3. El evangelio no pertenece al mundo de los conceptos, dogmas y sentidos humanos naturales, porque el evangelio es una _____ o ámbito espiritual en Dios mismo.

4. En el Nuevo Pacto ya no tenemos una *relación* con Dios, sino una _____ *con* Cristo porque ahora Él y nosotros somos uno.

5. En el Nuevo Pacto la adoración no es ambiental sino _____.

Capítulo 6
SOLO CRISTO

1. La palabra *"economía"* en el griego significa *oikonomía.* Y se compone de dos vocablos: *óikos,* que significa _____, *familia* y *nómos,* que significa _____. La economía de Dios significa: una _____.

2. ¿Qué es y en qué consiste la *economía* de Dios?

3. ¿Cuáles son las tres etapas de la economía de Dios?

    a.

    b.

    c.

4. Todas las cosas que están fuera de nosotros son _____, mientras que las que están dentro de nosotros son _____.

5. ¿Explique en qué consiste la objetividad de Dios?

GLOSARIO

A

C

D

E

F

H

I

J

S

U

Y

Made in the USA
Lexington, KY
02 December 2019